무형문화재 원형보존을 위한 자료집

경기도 무형문화재 제46호

양주 농악

김 헌 선 편

도서출판 월인

목 차

Ⅰ. 양주농악의 역사와 현황

1. 역사

양주농악의 역사는 지금으로부터 적어도 100년 전으로 거슬러 올라간다. 약 100년 전 양주군 회촌동(현 양주시 광적면 효촌동)에서는 농촌에서 모심기 및 김맬 때 두레패를 중심으로 농기를 앞세우고 절기마다 농사짓는 것을 본 따서, 우장과 호미 등을 갖추고 장단에 맞추어 법구잽이(소고잽이)들이 농사풀이를 하였다. 농사일을 효율적으로 하기 위해 그리고 마을의 화목을 도모하기 위하여 두레패를 결성하고 그에 따른 두레농악을 행해 오던 회촌동은 광무 7년(1903)에 농상공부로부터 농기를 하사 받게 된다. 농기를 하사받으면서부터 회촌동 농악은 본격적인 농악놀이로 발전하게 되었다.

농상공부로부터 하사받은 농기로 양주농악의 역사를 더듬을 수 있지만, 양주농악의 역사를 회촌동 농기 하나로 정리하기는 어렵다. 예전에 양주에는 농악패가 있는 마을이 여럿 있었다. 각 마을에 존재하던 농악패들이 1950년대를 중심으로 점차 사라지다가, 1980년대 후반 젊었을 때 양주에서 농악을 쳐 봤던 몇몇 사람이 중심이 되어 1990년에 양주농악을 창립하게 된 것이 오늘날의 양주농악이다. 오늘날의 양주농악이 있기까지 양주 곳곳에 존재하였던 농악의 역사를 양주농악회원들의 증언을 통해 간략하게 정리해 본다.

석우리 농악
(황상복, 1939년 양주군 광적면 석우리 박다리마을 출생, 현 양주농악보존회 회장)

1940년대만 해도 양주 석우리는 신사래·송촌말·박다리·웃말·선말 등 8개 마을이 있었고, 각 마을마다 농악이 있었다. 16세 정도에 선말농악에서 활동하던 형을 따라다니면서 선말농악과 농요를 배웠다. 이후에 박다리에 와서 농악활동을 했다. 각 마을의 농악 형태는 동일하지 않고 마을의 상황 및 상쇠의 기량 등에 따라 조금씩 형태와 내용이 달랐다. 석우리 농악 중 선말 농악에는 농사풀이가 있었고 박다리에는 농사풀이는 없었고 진풀이만 있었다. 다른 마을은 정확하게 기억나지 않는다. 1950년대 후반이 되면서 농악 치는 사람이 줄어들면서 차츰 각 마을의 농악이 없어졌다.

광석리 농악
(이근칠, 1934년 양주군 광적면 광석리 민재마을 출생, 현 양주농악보존회 총무)

1950년 전후의 시기에 민재마을 농악에서 상법구, 제금을 치면서 활동하였다. 당시 민재농악에는 허홍돈, 장기풍이 상쇠를 하고 있었고, 선말 농악과 마찬가지로 민재마을에도 농사풀이가 있었다. 민재농악은 1950년대 후반에 구성원들의 이탈로 자연스럽게 해체되었다.

덕도리 농악
(박진옥, 1928년 양주군 광적면 덕도리 보매기마을 출생, 2001년부터 양주농악 활동)

해방 후에 보매기마을에서 농악활동을 했다. 농사풀이가 있는 마을도 있고 없는 마을도 있었고 논매는 소리도 하고 그랬다. 마을마다 농악 노는 게 차이는 있었지만 대동소이했다. 본인은 상법구였으며 소고춤을 잘 췄다. 보매기농악은 1950년대 들어 활동을 하지 않게 되었다. 삼채·오채·칠채 장단이 기억난다.

이렇듯 예전에 양주에는 각 마을마다 농악패들이 존재했고 활동했음을 알 수 있다. 제보자들의 출생지와 농악활동 지역을 보면 알 수 있듯이, 특히 광적면에는 농악패가 없는 마을이 없을 정도로 농악이 우세했었다. 하지만, 1950년대 후반이 되면서 농악 칠 일이 드물어지면서 농악패들이 해체되기 시작했다. 30여년 동안 맥이 끊어졌던 양주의 농악은 1980년대 후반, 젊었을 때 농악을 치던 몇 분이 의견을 모아 1990년에 '양주농악'으로 모임을 창립하였다. 당시 농악 회장은 김병옥이었고, 단원은 20명 정도 되었다. 1990년에 창립된 양주농악은 4~5년 정도 유지되었는데, 활동할 기회를 자주 갖지 못하고 재정 상황의 어려움 등 난제가 많아 활동이 잠정 중단되었다. 1996년에 다시 한번 농악을 만들어보자는 의견이 모아져 황상복을 2대 회장으로 추대하면서 양주농악은 재창립되었다.

2. 현황

양주농악은 농사짓는 과정을 상쇠의 쇳소리에 따라 법구잽이가 춤과 율동으로 이어가는 법구놀이로서 타 지방에서 찾아보기 힘든 농악의 옛 모습을 그대로 간직하고 있다. 또한 농요로서는 모심는 소리, 김매는 소리가 있어 힘든 농사일을 소리로서 풀어내고 있다.

양주농악은 두레패 놀이의 특징을 잘 살려 농사짓는 전 과정을 고깔을 쓴 법구잽이들이 농사풀이로 하고 있다. 즉 농사절기에 맞추어 보리밭 밟기부터 추수 때까지의 과정을 상쇠가 선도하는 울림과 소리에 따라 법구잽이들이 춤과 율동으로 이어가는 농사 모의과정이 농악놀이로 전승되어 왔다.

1996년 이후 10여년 동안 양주농악 회원들의 꾸준한 활동과 양주농악을 보존하려는 다양한 노력이 있었다. 해마다 겨울철과 여름철에 정기 회의를 개최하고 있으며 여기에서 양주농악의 전승에 관한 제반사를 검토한다. 양주농악 발표회는 독자적으로 이루어지지는 않고 양주 전통문화예술제에 다른 발표와 더불어 발표하거나, 중요문화재 제70호로 지정된 양주 소놀이굿 보존회와 연대해서 행해져 왔다.

10여년의 활동과 노력은 마침내 양주농악이 2006년 3월 20일 경기도 무형문화재 제46호로 지정되는 결과를 낳게 되었다. 기예가 뛰어난 안성·평택의 연희농악과는 달리 소박한 옛 가락과 춤사위를 담고 있는 양주농악의 농사풀이가 크게 인정받은 결과이기도 하다. 2006년 현재 양주농악은 '양주농악보존회'로 명칭을 확정하고, 상쇠인 황상복 회장 이하 60여명의 회원들이 활동하며 전승하려는 노력을 계속하고 있다. 몇 년 전까지만 해도 회원들 대부분이 60~70대 노인들로 구성되어 있었으나, 기존회원들이 젊은 회원들의 참여를 꾸준히 유도하고 있어 30~40대 회원들의 수가 점차 늘어나고 있다. 그리고 2006년 3월 양주농악보존회는 양주시 광적면 광석리 366-1번지에 '양주농악보존회 전수회관'이라는 보금자리를 갖게 되었다.

3. 연혁

1) 설립목적

이곳 양주 고을 옛 조상님들의 슬기와 향약협동정신의 얼이 담긴 전통민속농악의 발굴보존과 원형 그대로를 영속적으로 전승해 나가는 데 목적을 둔다.

2) 연혁

1990년	1차 설립하여 고전농악의 원형발굴에 노력하다 그침
1996년 3월 3일	조직재정비(제2의 창립). 60세 이상 고령자들로 구성
1997년 9월 25~26일	경기도민속예술경연대회 참가-노력상 수상
1998년 9월 22~23일	경기도청소년예술축제(지도부문)-노력상
1999년 9월	경기도민속예술축제 참가
2001년 9월 22~23일	경기도민속예술경연축제 참가-공로상 수상
2001년 9월 29일	양주시경로잔치 초청공연
2001년 10월 21일	양주문화축제 참가공연
2001년 10월 22일	양주별산대놀이마당 준공기념 축하공연
2001년 10월 28일	관내(기산유원지) 순회공연
2002년 2월 26일	양주시 정월대보름맞이 민속행사 참가공연
2002년 4월 21일	양주소놀이굿 초청공연
2002년 6월 14일	한일월드컵 16강 기원 거리응원축제 공연
2002년 8월 14일	청소년문화거리 조성 기념 축하공년
2002년 8월 25일	송추자연농원(유원지) 순회공연
2002년 10월 6일	양주시 문화축제 참가공연
2002년 11월 3일	제3회 경기농악경연대회 참가-북돋음상 수상
2002년 11월 4일	양주시 농업인의 날 초청공연
2002년 12월 21일	경기대학교 문화탐방단 녹화(농악공연, 옛노래, 상여소리, 회다지소리, 모심기, 짚신삼기 등 민속부문)
2003년 2월 15일	정월대보름맞이 민속행사 참가공연
2003년 5월 4일	양주시 관내 예술단체 합동공연 참가
2003년 9월 19~20일	제14회 경기도민속예술축제 참가-노력상 수상

2003년 10월 3일	제4회 경기농악경연 찬조출연(전년도 수상팀 자격)
2003년 10월 19일	양주시 시 승격 축하공연
2004년 4월 4일	대전시 대전예총 주최 농악경연 참가-장려상 수상
2004년 5월 9일	백석성당 주최 경로잔치 초청공연
2004년 5월 16일	양주시 관내 예술단체 합동공연 참가
2004년 5월 27일	한국 제1방송(KBS) 농악공연장면 녹화(6월 1일 전국에 방영)
2004년 10월 9일	제5회 경기농악경연 참가
2004년 10월	한국 예술의전당 초청공연(우수농악팀으로)
2004년 10월 15일	양주시 문화행사 참가공연
2004년 10월	KBS방송(TV진품명품)에 농상기 출품 결과 진품 판정
2004년 10월 19일	KBS(제1방송국 녹화) 영좌기(진품)와 부락기의 상면시 인사장면, 농악놀이, 벼베기, 짚신, 장기두기 등 민속문화 장면 촬영(10월 31일 전국에 방영)
2004년 12월 19일	양주별산대놀이 초청공연
2005년 3월 20일	MBC문화동산 순회공연(대장금테마파크)
2005년 4월 3일	순회공연(대장금테마파크)
2005년 4월 24일	양주소놀이굿 초청공연
2005년 5월 15일	순회공연(대장금테마파크)
2005년 6월 5일	양주시 문화예술축제 참가공연
2005년 6월 24일	양주농악 경기도문화재 자격 심사
2005년 9월 1~2일	제15회 경기도민속예술경연축제 참가-연기상 수상
2005년 9월 17일	순회공연(대장금테마파크)
2005년 9월 23일	농상기 문화재 가치심사
2005년 9월 25일	순회공연(서울숲 야외무대) 투어공연
2005년 10월 16일	순회공연(대장금테마파크)
2005년 11월 19일	양주시 국악협회 창립1주년 기념 초청강연
2005년 11월 20일	순회공연(대장금테마파크)
2006년 1월 8일	경기대학교 문화탐방단 농악공연장면 촬영
2006년 1월 14일	광적농협 하나로마트 신축 개관 초청공연

2006년 1월 30일	순회공연(대장금테마파크)
2006년 2월 11일	양주시 민속대보름맞이행사 참가공연
2006년 3월 1일	3·1절기념행사(87년 전 만세운동재현행사 참가)
2006년 3월 19일	순회공연(대장금테마파크)
2006년 3월 20일	경기도 무형문화재 보유단체 인정서(제46호)

Ⅱ. 양주농악의 구성과 연행순서

1. 양주농악의 구성

1) 깃발

양주농악에는 모두 세 가지 깃발이 있다. 두 가지는 농기인데 하나는 광무 7년(1903)에 농상공부로부터 하사받은 회촌동 농기이고 다른 하나는 박달동 농기이다. 그리고 또 다른 하나는 양주농악 깃발인데, 농기가 두 가지인 것이 특이한 점이다.

세 가지 깃발 모두 맨 위와 맨 아랫부분에 세 가지 띠─파랑·노랑(또는 흰색)·빨강─를 둘렀으며, 위의 세 가지 띠 아래에 태극기를 그려 넣었다. 농기는 두 가지 모두 광목에 붉은 지네발을, 양주농악기는 흰 천에 푸른 지네발을 달았다.

(1) 회촌동 농기(農旗)

양주농악은 두레패 놀이로서 두레패를 중심으로 농기를 앞세우면서 농악에 맞추어 일터로 나가 하는 한마당 놀이이다. 원래 양주 석적면 회촌동(현 광적면 효촌동)은 옛부터 전나무가 많아 회촌동이라 칭하여 오고 있는데 130여 농가로 형성된 마을에서 농사의 품앗이와 마을의 화목을 도모하기 위하여 두레패를 결성하고 농사일을 효율적으로 하기 위하여 두레농악을 전승시켜 왔다고 한다. 그러던 중 광무 7년(1903)에 농상공부(農商工部)로부터 농기를 하사 받으면서부터 본격적인 농악 놀이로 발전시켜 왔다. 이 농기는 일찍이 구한말 정부에서도 회촌동 두레 농악패의 짜임새와 농사짓는 농악장단의 뛰어남에 감탄하여 이 농기를 하사한 것으로 생각된다.

당시 회촌동 두레가 농기를 들고 나가다가 다른 마을 농기와 마주치면 다른 마을 두레기는 농기를 흔들며 기를 뉘어 큰절을 세 번 하였고, 이에 회촌동 두레는 농기를 흔들지 않고 반절로 답례하였다고 한다. 또한 농기를 앞세운 회촌동 두레패가 다 지나갈 때까지 다른 두레패는 모두 길을 비켜야만 하는 아주 권위 있는 깃발이었다. 이때부터 주민들은 농기를 명예롭고 영광스럽게 여겼으며 일제 강점과 6·25동란 등 민족의 수난시기에도 소중히 간직하여 현재까지 회촌동 마을에 전승되어 내려오고 있다. 회촌동 농기는 길이 348cm, 폭 145cm(깃발 폭 85cm·양쪽 지네발 각 30cm)이다.

1990년대 경기도 민속예술경연대회에 참가했을 당시의 회촌동 농기

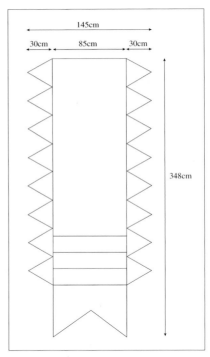

회촌동 깃발의 크기

원형 그대로를 깨끗하게 보수·보존하여 전승되고 있는 회촌동 농기

(2) 다른 깃발

　양주농악에는 1903년에 농상공부로부터 하사받은 농기 외에 두 가지 깃발이 더 있다. 하나는 양주군 광적면 석우리 박달동의 농기(農者天下之大本也)이고, 다른 하나는 양주농악이라고 쓴 깃발이다.

양주군 광적면 석우리 박달동의 농기

양주농악이라고 쓴 깃발 뒤로 박달동 농기와 회촌동 농기가 나란히 서 있다.

　세 개의 깃발 모두 깃발을 들 때는 세 사람이 필요한데, 기를 매단 대나무 깃대를 잡는 기수 1인과 깃대 위에서 묶어 내려뜨린 보랫줄을 양쪽에서 잡는 보랫줄잽이 2인이 필요하다.

2) 편성

　양주농악은 쇠(꽹과리)·제금·징·장고·북·소고·잡색·태평소·무동·기수로 편성된다. 양주농악의 편성을 수적 구성으로 보면 쇠(꽹과리) 2~3·제금 2~3·징 2~3·장고 4~5·북 4~5·소고 8~16·잡색(양반·농부·아낙) 3~5·태평소 1~2· 무동 2(남아 1·여아 1)·기수 6~9명으로 대략 40명 안팎의 인원으로 진행된다.

꽹과리와 꽹과리채

제금

징과 징채

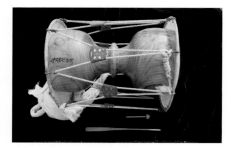

장구와 장구채

북과 북채

소고와 소고채

태평소

태평소

양주농악의 편성에 특별한 제한은 없어 보이지만, 특이한 점 두 가지가 발견된다. 먼저 다른 악기를 치는 사람 수에 버금가는 수로 소고잽이가 구성된다는 것, 그리고 다른 지역에서 보기 드물게 제금이 악기에 편성되어 있다는 것이다.

소고잽이가 많은 것은 양주농악의 대부분이 소고잽이에 의한 농사풀이로 펼쳐지기 때문으로 보인다. 한편 제금이 악기에 편성되어 있는 것은 농악 편성에서는 드문 일로 주목할 만한 현상이다. 양주농악에 제금이 편성되는 것은 농악이 무악과 불교음악과의 일정한 영향관계에 있을 수 있다는 가능성을 제시한다.[1] 또한 같은 경기도 지역이면서 양주농악과 마찬가지로 농사풀이가 발달한 김포 통진 두레에서도 악기편성에 제금이 포함된 사실[2]은 걸립농악으로 변천·발달하기 전의 소박한 모습을 지닌 농악의 악기편성에 공통점이 존재한다는 가능성을 제시하고 있다.

3) 복색

(1) 치배들의 복색

양주농악에서는 태평소·잡색·무동을 제외한 치배 전원과 깃발을 드는 기수의 복색이 같다. 우선 흰 바지와 저고리를 입고 청·홍·황색의 삼색 가사(삼색띠)를 맨 다음 머리에 고깔을 쓴다. 삼색띠는 앞에서 보았을 때 먼저 황색이 왼쪽 어깨에서 내려와 허리 뒤쪽에서 매듭을 짓고, 다음 홍색이 오른쪽 어깨에서 내려와 허리 뒤쪽에서 매듭을 짓는다. 그리고 청색을 허리에 둘러 뒤에서 매듭을 짓는다. 때에 따라 삼색띠를 두르는 형식이 조금씩 차이를 보이는 때도 있지만, 위의 형식이 양주농악에서는 가장 일반적이다. 행전은 매지 않으며 가벼운 운동화 또는 가죽 미투리를 신는다.

치배들과 기수는 또한 모두 머리에 같은 고깔을 쓴다. 고깔 역시 삼색띠와 마찬가지로 가끔 색깔 구성이 달라질 때도 있으나, 일반적으로 다음과 같은 모양을 한다. 우선 고깔의 테두리에는 색동 띠 종이를 둘렀고, 모두 다섯 개의 꽃을 올린다. 앞에서 보았을 때 맨 앞에 파랑, 양옆에 빨강, 가운데 노랑, 맨 뒤에 초록 이렇게 네 가지 색깔의 다섯 개의 꽃이 올라간 모양이다.

---

1) 김헌선, 「웃다리 농악의 전승양상과 공연예술의 특징-경기도 양주군 광적면 농악을 구실삼아」, 4면. (미발표원고)
2) 전국문화원연합회 경기도지회, 『경기도의 민속예술』, C&V 디자인, 1996, 380면.

뒤쪽에서 바라본 고깔

옆에서 바라본 고깔

흰 옷에 삼색띠를 매고, 고깔을 쓰고 걸어가는 양주
농악 소고수들

복색을 다 갖춰 입고 고깔을 쓰고 악기를 든 각 구성원의 모습은 아래와 같다.

치배-꽹과리

치배-제금

치배-징

치배-장구

치배-북

치배-법구

깃발 하나에 세 명의 기수가 필요하다.

치배와 같은 복색을 한 기수들

(2) 호적수(태평소)의 복색

악기를 치는 치배들의 복색과 달리 태평소를 부는 호적수들은 치배들과 복장을 달리한다. 흰 바지 저고리를 입고, 그 위에 흰색이나 옥색의 두루마기를 입는다. 그리고 머리에는 갓을 쓴다.

호적수들의 복장

(3) 잡색들의 복색

양주농악의 잡색은 양반과 노인·농부·아낙 그리고 무동이 있다. 양반은 흰 바지 저고리에 옥색 도포를 입고 머리에 정자관을 쓴다. 노인은 흰 바지 저고리에 정자관을 쓰고 수염을 붙이고 담뱃대를 들고 다닌다. 농부는 흰 바지 저고리에 지게를 메거나, 삿갓에 우장을 두른다. 아낙은 흰 저고리에 검은 치마를 입고 머리에 흰 수건을 두른 후, 광주리 또는 물 항아리를 머리에 인다. 무동은 분홍바지저고리에 파란 도포와 도령모를 쓴다.

잡색-도포에 정자관을 쓴 양반

잡색-노인

잡색-삿갓에 우장을 두르고 있는 농부

잡색-지게를 메고 있는 농부

잡색-아낙들

잡색-무동(여)

잡색-무동(남)

2. 양주농악의 연행순서

① 기고사 – ② 길놀이와 입장 – ③ 농사풀이 – ④ 뒷풀이마당

양주농악의 연행순서는 크게 기고사–길놀이와 입장–농사풀이–뒷풀이마당 이렇게 네 부분으로 나눌 수 있다. 기고사를 지내고, 두레를 놀던 예전에는 장소를 이동하면서 농악을 치고, 일이 끝나면 멋들어진 농사풀이를 한마당 놀고 마을 사람들이 모두 모여 뒷풀이를 하는 순서로 진행이 되었을 것이다. 그러나 요즘은 양주농악도 여느 지방의 농악과 마찬가지로 대회나 행사에 주로 행해지기 때문에 입장이라는 순서가 생략될 수 없다. 2005년 7월 양주별산대 공연장에서 있었던 양주농악의 문화재 심사 연행본을 기본으로 삼고, 2006년 1월에 했던 연행본을 보조 자료로 하여 양주농악 각각의 순서와 내용을 서술하고 그에 해당하는 사진을 제시하기로 한다.

1) 기고사

농사를 짓고 두레가 섰던 예전에는 기고사를 크게 지냈다고 한다. 농악대에서 기는 그 농악대를 대표하는 동시에, 신성성을 지닌 구심점 역할을 하기 때문에 매우 중히 여겨진다. 기고사는 서막고사로서 마을의 안녕과 풍년을 기원하고 국태민안을 비는 행사이다.

2) 길놀이와 입장

농악을 본격적으로 시작하기 전에 시작을 알리는 길놀이를 한다. 행렬의 순서는 깃발·법구잽이·태평소·꽹과리·제금·징·장구·북·잡색의 순서이다. 삼채를 치면서 행사장 주변을 한 바퀴 돌아온다.

회촌동 농기·박달동 농기·양주농악 깃발이 맨 앞에 서서 길놀이를 나선다.

법구잽이 뒤로 태평소와 악기를 치는 치배와 잡색들이 뒤따르고 있다.

길놀이를 끝낸 농악대는 놀이마당으로 입장한다. 입장하는 순서는 길놀이 행진의 순서와 같이 회촌동 농기, 박달동 농기, 양주농악기, 잡색(양반·농부·아낙·무동), 태평소, 소고, 꽹과리, 부쇠, 삼쇠, 제금 2, 징 2, 장구 3, 북 5의 순서이다. 연행할 마당으로 입장하여 원을 돌다가 멍석말이를 하고 푼 다음, 다시 원을 만들어 앞치배(꽹과리·제금·징·장구·북을 치는 사람), 뒷치배(소고를 든 법구잽이)로 나누어서 좌우 일렬로 선다.

입장하는 순서대로 원을 만들어 돈다.

멍석을 풀어 대열을 원으로 만든 후 앞치배와 뒷치배가 좌우로 마주선다.

3) 농사풀이

입장해서 앞치배와 뒷치배가 좌우로 마주서면 상쇠가 중앙에 나와 뒷치배를 바라보며 "천하지대본은 농사가 아니더냐" 하면, 상법구가 "그렇지" 하고 대답을 한다. 상쇠가 다시 "그럼 보리밭 밟기부터 시작해 보렸다" 하면, "그래 보렸다" 하는 재담으로 법구잽이들의 농사풀이가 시작된다.

경기도 양주의 농악 가운데 특징적인 대목은 농사풀이가 존재하는 점이다. 농사풀이는 농사짓기 과정을 농악 장단에 의해서 재현하는 것이다. 농사풀이는 보리밭 밟기에서 광지어 나르기까지를 18가지의 농사 모의동작으로 구사한다. 대체로 동작의 상황에 따라서 오채장단과 삼채장단을 선택적으로 사용하면서 배타적으로 장단을 운용한다. 오채장단과 삼채장단이 배타적으로 운용된다는 것은 오채장단을 먼저 내면 삼채장단은 배제되고 삼채장단을 먼저 내면 오채장단은 배제되기 때문이다. 그리고 농사 모의동작을 하고 난 이후는 동일한 과정을 반복한다. 오채나 삼채로 농사 모의동작을 한 이후에는 올림장단으로 깨끔동작을 하고 갱무갱장단으로 걸어서 제자리를 찾아가는 것이다.

농사풀이의 순서와 장단 그리고 농사짓는 장면을 형상화한 춤동작을 간추려 보면 아래와 같다. 세시에 맞춘 농사풀이의 경우 세시를 표시하였다.

① 보리밭 밟기(입춘) : 오채장단 – 올림장단 – 갱무갱장단
　　– 보리의 성장촉진과 동해(凍害)를 막기 위해 밭을 꾹꾹 밟아 주는 동작

② 보리밭 거름주기 : 삼채장단 – 올림장단 – 갱무갱장단
　　– 소고를 거름통 삼아 옆구리에 끼고 장단에 맞춰 앞으로 걸어가며 보리밭에 거름을 골고루 뿌려주는 동작

③ 못자리 가래질(청명·한식) : 삼채장단 – 올림장단 – 갱무갱장단
　　– 4인 1조가 되어 앞의 두 사람은 가래줄을 잡고 뒷사람은 가래장부를 잡고 가래질을 한다. 맨 뒷사람은 두렁을 빤빤하게 고르는 동작을 한다.

④ 논갈이 : 삼채장단 – 올림장단 – 갱무갱장단

－ 2인 1조가 되어 앞사람은 소 역할을 하고, 뒷사람은 밭갈애비 역할을 하며
　　　논을 갈아 나간다.

⑤ 논 써래질 : 삼채장단 － 올림장단 － 갱무갱장단
　　－ 2인 1조가 되어 논갈이 때와 마찬가지로 앞사람은 소가 되고 뒷사람은 농
　　　부가 되어 물을 댄 논에 들어가 소를 몰고 논바닥을 평평하게 써려 나간
　　　다.

⑥ 못자리 만들기 : 오채장단 － 올림장단 － 갱무갱장단
　　－ 3인 1조가 되어 앞에 두 사람은 마주보고 골을 파고 뒷사람은 못자리를 반
　　　듯하게 골라 나간다.

⑦ 볍씨 뿌리기(곡우) : 삼채장단 － 올림장단 － 갱무갱장단
　　－ 2인 1조가 마주보고 옆걸음을 치면서 볍씨를 못자리에 골고루 뿌려나간다.

⑧ 수수부룩치기 : 오채와 조랭이장단 － 올림장단 － 갱무갱장단
　　－ 2인 1조로 앞사람은 괭이로 땅을 파고, 뒷사람이 부룩3)을 쳐 나간다.

⑨ 콩심기 : 오채장단 － 올림장단 － 갱무갱장단
　　－ 소고를 콩을 담은 그릇처럼 허리 옆에 끼고 발뒤꿈치로 땅을 눌러서 콩 심
　　　을 공간을 만들고, 씨앗을 심어 간다.

⑩ 모찌기(망종) : 오채장단 － 올림장단 － 갱무갱장단
　　－ 소고는 옆에 두고 일렬로 앉아서 못자리에서 모를 쪄서 흙탕물에 흙을 털
　　　어내고, 모를 묶어내는 동작을 하며 앞으로 나아간다.

⑪ 모심기 : 오채장단 － 올림장단 － 갱무갱장단
　　－ 양쪽 줄꾼이 모줄을 넘겨주는 대로 나머지 법구잽이들이 줄눈에 맞춰 모

---

3) 부룩: 사이사이에 다른 농작물을 심는 것.

를 심어 나간다.

⑫ 김매기 – 법구들이 일렬로 서서 앞으로 나아가며 논을 매는 시늉하다.

논에서 잡초를 제거하면서 선소리꾼의 소리에 맞춰서 매기고 받는 소리를 하면서 중앙으로 모인다. 논매는 소리는 논바닥에 들어서서 하는 소리이다. 처음에 농군들을 부르는 소리로 '군방님네, 군방님네, 새로 새법 내지 말고 옛날 노인 허시든 대로 논매기나 해 봅시다'하는 소리를 한다. 다음에는 '진(긴)방아소리'로 이제 찾아보기 어려운 소리가 되었다. 현재는 간신히 전승된다. 진방아소리가 끝나면 '꽃방아소리', '훨훨이 소리', '새 쫓는 소리'를 한다.

세 차례에 걸친 논매기는 앳논매기, 두벌논매기, 삼동논매기 등으로 하며, 주로 손으로 일을 하는 두벌과 삼동 논매기 때 소리를 하는 것으로 이해된다. 상쇠가 선소리꾼이 되어서 이러한 소리를 하고, 나머지 소리꾼은 뒷소리를 받는다.

⑬ 퇴비하기와 퇴비가리 쌓기 : 오채장단과 조랭이장단 – 올림장단 – 갱무갱장단
   – 법구잽이들이 시계반대방향으로 일렬로 원을 만든다. 그런 뒤 허리를 굽혀 원을 크게 만들고 다시 좁히기를 3번 반복하다. 마지막 원을 좁힐 때에는 양손을 원을 그리며 들어간다. 원을 풀고 원래 대형으로 돌아갈 때에는 끝에 있는 사람부터 일어나서 앉아있는 다음 법구 사이를 돌며 제자리로 돌아간다.

⑭ 벼베기 : 오채장단과 조랭이 장단 – 올림장단 – 갱무갱장단
   – 일렬로 서서 전진하며 벼를 베고 벤 벼는 옆으로 뉘이는 동작을 반복한다.

⑮ 벼 실어나르기 : 오채장단과 조랭이장단 – 올림장단 – 갱무갱장단
   – 2인 1조로 앞뒤로 선다. 앞 사람이 허리를 굽히고 소 시늉을 한다. 뒷사람이 소의 좌우로 오가며 소 위에 곡식을 싣고 내리는 시늉을 한다.

⑯ 타작하기 : 오채장단 – 올림장단 – 갱무갱장단
   – 5인은 테질(도리깨질)을 하고, 2인은 탈곡기 시늉을 하고, 나머지 법구들은

탈곡기를 돌리는 시늉과 곡식을 정리하는 시늉 등을 한다.

⑰ 벼불리기(나비질) : 삼채장단 - 올림장단 - 갱무갱장단
　　 - 법구잽이들 모두 둥그렇게 모여 서서 키와 넉가래 등으로 곡식에 섞여 있
　　　 는 검불이나 쭉정이를 날려보내는 시늉을 한다.

⑱ 광짓기 : 삼채장단 - 올림장단 - 갱무갱장단
　　 - 세 사람을 제외한 모든 법구잽이들이 원으로 둘러서 오른발을 옆사람에게
　　　 걸어 광을 만들고, 세 사람은 광에 벼를 이어 나르는 동작을 한다.

　광짓기가 끝나면 법구잽이들과 치배들이 움직여 원 하나를 만든다. 원이 다 만들어
지면 상쇠의 신호에 따라 '올지갈지'를 한다. 올지갈지는 오채장단과 조랭이 장단이
서로 짝이 되어 원 대형을 시계반대방향과 시계방향으로 움직이는 것을 말한다. 원
방향을 바꾸어 세 번 하는데, 거듭할수록 오채장단과 조랭이 장단이 한 번에서 두 번
으로 두 번에서 세 번으로 늘어나는 특징이 있다.

4) 뒷풀이마당
　올지갈지까지 끝나면 원 대형을 멍석말이로 말았다고 풀고 나온다. 풍년을 기원하
는 마음으로 마당에서 오채장단과 이채 그리고 댄스장단, 꼬방장단을 치면서 뒷풀이
를 한다. 뒷풀이를 할 때는 모든 구성원과 관객이 자유롭게 원 안으로 들어와 춤을
추며 여흥을 즐긴다.

뒷풀이

뒷풀이

Ⅲ. 양주농악 전수교육자료

1. 기고사

양주농악에는 특별히 기고사가 있다. 농사를 짓고 두레가 섰던 예전에는 마을에 처음 두레가 설 때 크게 지내고, 집집이 일을 시작하기 전에 작게 기고사를 지냈다고 한다. 그러나 요즘 양주농악에서는 기고사를 거의 지내지 않는다.

기고사를 지내게 될 경우에는 길놀이를 시작하기 전에 지내야 한다. 기고사를 지낼 때는 양주농악에 있는 깃발 세 개를 모두 앞에 세워놓고 지낸다. 그리고 깃발 앞에 시루떡과 돼지머리 그리고 과일과 막걸리로 간단하게 고사상을 마련한다. 구성원들은 모두 가지런하게 늘어서서 고사를 준비하고 상쇠가 앞에 나와 고사(告祀)소리를 한다. 반주를 위해 제금과 장구와 북이 각각 한 명씩 나와서 악기를 친다.

기고사를 지내기 위해 깃발을 세워놓고 서 있는 농악회원들

고사상은 돼지머리와 시루떡 그리고 과일과 막걸리로 차려진다.

〈고사소리〉
-일년 열두달 축원-
축원이 갑니다아~~~ 덕담가요
건구곤명은 경기도허구두 양주시
양주시허구두 광적면인데 우리 양주농악 회원님들
일년 열두달 운수와 액운을 막아달라고 축원덕담 드립니다
정월달에 드는 액은 이월 한식날로 막아주고
이월달에 드는 액은 삼월 삼질로 막아주자
삼월달에 드는 액은 사월 초파일로 막아주고
사월달에 드는 액은 오월 단오로 막아주고
오월달에 드는 액은 유월 유두로 막아주고
유월달에 드는 액은 칠월 칠석날로 막아주고
칠월달에 드는 액은 팔월 한가위로 막아주자
팔월달에 드는 액은 구월 구일로 막아주고
시월달에 드는 액은 시월허구두 상달인데 무시루떡으로 막아주자
시월달에 드는 액은 동지팥죽으로 막아주고
동짓달에 드는 액은 섣달허구두 그뭄날인데 흰가래떡으로 막아주자
일년은 열두달 과년은 열석달

날로 따지면 삼백육십일에
일년 액운과 홍수를 막아달라고
축원 덕담 드립니다

-산타령-
함경도 백두산은 두만강에 둘러를 있고
평안도로 내려를 가니 강산도 제일이요 경계도 아름답구나
연광전 부벽루는 대동강이 둘러를 있고 영영산아 더욱 좋다
관봉이 초조한데 모란봉이 둘러를 있고
황해도 구월산은 서해 바다가 둘러를 있고
강원도 금강산은 동해바다가 둘렀구나
충청도 계룡산은 공주 금강이 둘러를 있고
경상도 태백산은 낙동강이 둘러를 있고
전라도 지리산은 섬진강이 둘렀구나
경기도로 올라를 오니 무악산 내린 줄기
경복궁 대궐을 지었구나
인왕산이 백호가 되고 왕십리가 청룡이 되어
용산 상계는 한강수가 둘러를 있고

고사준비가 다 되면 상쇠가 앞에 나
와 고사소리를 한다.

치배 2~3명이 더 나와 고사소리 반주를 한다.

삼각산 내린 줄기가 제일교 다리가 되어
청룡백호가 잘 되었으니 백자천손 날거로다
문장성이 비치었으니 문장도 날거로다
효자봉이 비치었으니 효자충신도 날거로다
노인성이 비치었으니 장생불사 할거로다
노적봉이 비치었으니 억만장자 날거로다
이만하면 넉넉할세
백구야 백로야 날지를 마라
너를 잡을 내 아니로다
얼쑹덜쑹 호랑나비 꽃을 보고 반기는데
우리 님은 어디를 가고 나를 찾을 줄 왜 모르나

고사소리

창: 황상복
채보: 정서은

칠월 - 칠석 날 로 막 아 주 고 칠 월 달 에 드 는 - 액 은

팔 월 한 가 위 로 막 아 주 자 팔 월 달 에 드 는 액 은 - 구 월 구 일 로 막 아 주 고

시 월 달 에 드 는 액 은 시 월 하 구 두 상 달 인 데

무 시 루 떡 으 루 막 아 주 자 시 월 달 에 드 는 액 은 -

동 지 팥 죽 으 로 막 아 주 고 섣 달 에 드 는 액 은 정 월 허 구 두 그 믐 날 인 데

흰 가 래 떡 으 루 막 아 주 자 일 년 은 열 두 달

과 년 - 은 - 열 석 달 날 로 따 지 면 삼 백 육 십 일 에

일 년 액 운 을 도 와 달 라 고 - 축 월 덕 담 드 립 니 다

함 경 도 백 두 산 은 두 만 강 에 둘 러 를 있 고 평 안 도 로 내 려 를 가 니

강 산 - 도 제 일 이 요 경 계 - 도 아 름 답 구 나

연 광 전 부 벽 루 는 대 동 강 이 - 둘 러 를 있 고 영 영 산 아 더 욱 좋 다

관 봉 - 이 초 조 한 데 모 란 봉 이 둘 러 를 있 고

황 해 도 구 월 산 은 서 해 바 다 가 둘 러 를 있 고 강 원 도 금 강 산 은 -

동 해 바 다 가 둘 렀 구 나 충 청 도 계 룡 산 은

공 주 금 강 이 둘 러 를 있 고 전 라 - 도 지 리 산 은 섬 진 강 이 - 둘 렀 구 나

경 기 도 로 올 라 를 오 니 무 악 산 - 내 린 줄 기

경 복 궁 대 궐 을 지 었 구 나 인 왕 산 이 백 호 가 되 고

왕 십 리 가 청 룡 이 되 어 용 산 - 상 계 는 - 한 강 수 가 둘 러 를 있 고

삼 각산 내린 줄기 제 일교 다 리 가 되어 청룡 백 호 가 잘 되었으니

백 자 천 손 날 거 로 다 　문 장 성 이 비 치 었 으 니

문 장 - 도 날 거 로 다 효 자 봉 이 비 치 었 으 니 효 자 충 신 도 날 거 로 다

노 적 봉 이 비 치 었 으 니 - 억 만 - 장 자 날 거 로 다

이 만 하 면 넉 넉 할 세 백 구 야 백 로 야 날 지 를 마 라

너 를 잡 을 - 내 아 니 로 다 얼 쑹 덜 쑹 호 랑 나 비 꽃 을 보 고 반 기 는 데

우 리 님 은 어 디 를 가 고 나 를 찾 을 줄 왜 모 르 나

2. 길놀이와 입장

농악을 본격적으로 시작하기 전에 시작을 알리는 길놀이를 한다. 행렬의 순서는 깃발·법구잽이·태평소·꽹과리·제금·징·장구·북·잡색의 순서이다. 삼채를 치면서 행사장 주변을 한 바퀴 돌아온다.

회촌동 농기·박달동 농기·양주농악 깃발이 맨 앞에 서서 길놀이를 나선다.

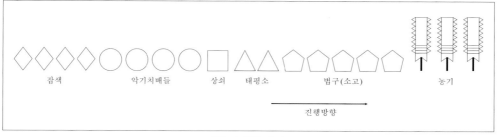

길놀이 행렬 순서

길놀이를 끝낸 농악대는 놀이마당으로 입장한다. 입장하는 순서는 길놀이 행진의 순서와 같이 회촌동 농기, 박달동 농기, 양주농악기, 잡색(양반·농부·아낙·무동), 태평소, 소고, 꽹과리, 부쇠, 삼쇠, 제금 2, 징 2, 장구 3, 북 5의 순서이다. 연행할 마당으로 입장하여 원을 만들어 돌다가 장단을 갱무갱장단으로 바꾸면서 멍석말이를

하고 푼 다음, 다시 원을 만들어 앞치배(꽹과리·제금·징·장구·북을 치는 사람),
뒷치배(소고를 든 법구잽이)로 나누어서 좌우 일렬로 선다.

원이 만들어지면 상쇠가 원형을 멍석말이 형태로 말아 들어간다.

멍석을 말았던 원을 풀어서 다시 원래의 원 형태로 만든다.

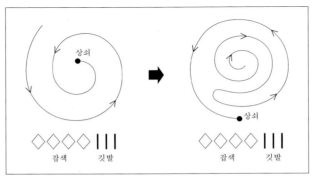

멍석말이

원을 다 만들면 치배와 법구잽이가 마주보고 선다.

3. 농사풀이

앞치배와 뒷치배가 좌우로 마주서면 상쇠가 중앙에 나와 뒷치배를 바라보며 "천하지대본은 농사가 아니더냐" 하면, 상법구가 "그렇지" 하고 대답을 한다. 상쇠가 다시 "그럼 보리밭 밟기부터 시작해 보렸다" 하면, "그래 보렸다" 하는 재담으로 법구잽이들의 농사풀이가 시작된다.

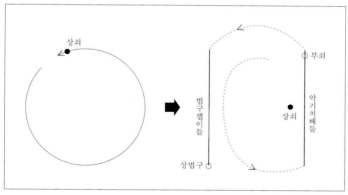

농사풀이 대형

농사풀이 순서와 장단

1) 보리밭 밟기   : 오채장단 - 올림장단 - 갱무갱장단
2) 보리밭 거름주기   : 삼채장단 - 올림장단 - 갱무갱장단
3) 못자리 가래질   : 삼채장단 - 올림장단 - 갱무갱장단
4) 논갈이   : 삼채장단 - 올림장단 - 갱무갱장단
5) 논 써래질   : 삼채장단 - 올림장단 - 갱무갱장단
6) 못자리 만들기   : 오채장단 - 올림장단 - 갱무갱장단
7) 볍씨 뿌리기   : 삼채장단 - 올림장단 - 갱무갱장단
8) 수수부룩치기   : 오채와 조랭이장단 - 올림장단 - 갱무갱장단
9) 콩심기   : 오채장단 - 올림장단 - 갱무갱장단
10) 모찌기   : 오채장단 - 올림장단 - 갱무갱장단
11) 모심기   : 오채장단 - 올림장단 - 갱무갱장단
12) 김매기   : 긴방아타령 - 꽃방아타령 - 훨훨이타령 - 새타령
13) 퇴비하기와 퇴비가리 쌓기 : 오채장단과 조랭이장단 - 올림장단 - 갱무갱장단
14) 벼베기   : 오채장단과 조랭이장단 - 올림장단 - 갱무갱장단
15) 벼 실어나르기   : 오채장단과 조랭이장단 - 올림장단 - 갱무갱장단
16) 타작하기   : 오채장단 - 올림장단 - 갱무갱장단
17) 벼 불리기(나비질)   : 삼채장단 - 올림장단 - 갱무갱장단
18) 광짓기   : 삼채장단 - 올림장단 - 갱무갱장단

1) 보리밭 밟기: 오채장단

(1) 한줄로 서면 상쇠가 오채를 친다.

(2) 제자리에서 한 장단 들고 앞으로 걸어 나가며 보리밭을 밟는다.
    왼발-오른발 순서로 자연스럽게 걷는다. 앞으로 5~6장단 진행한다.

오채장단	깽	마	갱	깽	마	갱	깽	마	갱	개	갱	
동작구분	①			②			③			④		
상체동작	자연스럽게 걷는 동작으로 오른손을 팔꿈치 높이로 들고, 왼손은 자연스럽게 내린다			왼손을 팔꿈치 높이로 들고, 오른손은 자연스럽게 내린다			①동작 반복			②동작 반복		
하체동작	왼발을 딛는다			오른발을 딛는다								
사　진												
삽화												

(3) 상쇠가 오채장단을 올림장단으로 넘기면 앞치배 앞에 나란한 줄이 될 때까지 '깨끔'춤사위를 하며 이동한다.

올림장단	깽	깽	깽 마	깽
동작구분	①	②	③	④
상체동작	왼손과 오른손을 어깨 넓이로 벌린다	가슴 앞에서 소고를 친다	①동작 반복	②동작 반복
하체동작	왼발 깨끔하며 앞으로 나가면서 오른쪽 종아리를 뒤로 든다	왼발은 제자리, 뒤로 들었던 오른발을 앞에 내려놓는다	오른발 깨끔하며 앞으로 나가면서 왼쪽 종아리를 뒤로 든다	오른발은 제자리, 뒤로 들었던 왼발을 앞에 내려놓는다
사 진				
삽 화				

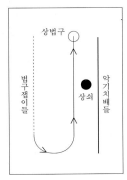

'깨끔' 하는 대형

(4) 앞치배와 법구잽이가 나란한 줄이 되면, 상쇠는 장단을 갱무갱 장단으로 바꾸고 법구잽이는 장단에 맞춰 걸으면서 제자리로 이동한다.

갱무갱 장단	깽	무	갱	깽	무	갱	깽	무	갱	깽	무	갱
동작구분	①			②			③			④		
상체동작	왼손과 오른손을 어깨 넓이로 벌린다			가슴 앞에서 소고를 친다			①동작 반복			②동작 반복		
하체동작	왼발을 딛는다			오른발을 딛는다								
사 진												
삽 화												

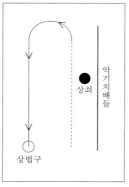

깽무갱장단으로 제자리 가기

(5) 법구잽이가 제자리에 서면 상쇠가 깽무갱 장단을 마무리 한다.

깽무갱 장단	깽	무	갱	깽	무	갱	개	갱		깩		

각 농사풀이가 끝나고 법구잽이들이 다시 제자리를 찾아갈 때는 위의 '올림장단(깨끔 춤사위)'와 '깽무갱장단(걸어서 제자리 가기)'의 동작을 대체로 반복하므로 이하 농사풀이에서는 생략한다.

2) 보리밭 거름주기: 삼채장단

(1) 한 줄로 서면 상쇠의 '개갱– 깩––' 신호를 듣고 왼쪽으로 돌아
상쇠와 앞치배를 마주본다.
(2) 또 다시 상쇠가 '개갱– 깩––' 신호를 하면, 소고를 왼쪽 허리께에 끼고
소고채를 든 오른손은 왼쪽 소고 위에 올려놓는다.
(3) 제자리에서 한 장단 듣고 앞으로 걸어 나가며 보리밭에 거름을 준다.
앞으로 5~6장단 진행한다.

삼채장단	깽		마깽	깽		마깽	깽		마깽	깽		깽
동작구분	①			②			③			④		
상체동작	허리를 굽히며 소고채를 든 오른손을 땅에 뿌리듯 한다			허리를 펴며 소고채 든 오른손을 왼쪽 소고위에 올려 놓는다.			①동작 반복			②동작 반복		
하체동작	왼발을 딛는다			오른발을 왼발에 갖다 붙인다								
사 진												
삽 화												

(4) 올림장단
(5) 깽무갱장단

3) 못자리 가래질: 삼채장단

(1) 한 줄로 서면 상쇠의 '개갱- 깩--' 신호를 듣고 왼쪽으로 돌아
상쇠와 앞치배를 마주본다.

(2) 또 다시 상쇠가 '개갱- 깩--' 신호를 하면, 4명이 한 조가 되어 삼각대형을
만든다.
양 옆으로 2명(1·3번 법구)이 마주 서서 소고를 가래장부 잡듯 쥐고,
뒤에 삼각으로 1명(2번 법구)이 서서 가래를 쥔 듯 소고를 쥐고,
그 뒤에 1명(4번 법구)이 뒤돌아선다.

가래질 준비

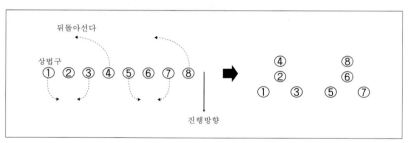

가래질 대형 만들기

(3) 제자리에서 한 장단 들고 앞으로 걸어 나가며 보리밭에 거름을 준다.
앞으로 4~5장단 진행한다.

삼채장단		깽	마깽	깽	마깽	깽	마깽	깽	깽
동작구분		①		②		③		④	
양 옆 (가래줄)	상체 동작	소고채를 소고 위에 올려놓고 허리를 굽히며 뒤에서 앞으로 당긴다		허리를 펴며 소고를 쥔 양손을 배 앞에 놓는다		①동작 반복		②동작 반복	
양 옆 (가래줄)	하체 동작	각자 진행 방향의 발을 옆으로 벌려 딛는다		진행방향 반대편 발을 진행방향 발 옆에 갖다 붙인다		①동작 반복		②동작 반복	
뒤 (가래)	상체 동작	소고를 가래삼아 쥐고 허리를 굽혀 가래질을 한다		허리를 펴며 소고를 마주 쥔 양손을 배 앞에 놓는다		①동작 반복		②동작 반복	
뒤 (가래)	하체 동작	왼발을 내딛는다		오른발을 왼발에 갖다 붙인다		①동작 반복		②동작 반복	
맨 뒤 (흙고르기)	상체 동작	허리를 굽혀 양 손으로 가래질한 왼쪽 땅을 고른다		허리를 굽혀 양손으로 가래질한 오른쪽 땅을 고른다		①동작 반복		②동작 반복	
맨 뒤 (흙고르기)	하체 동작	다리를 어깨 넓이로 벌려 왼발을 왼쪽에 딛고 오른발은 살짝 뗀다		다리를 어깨 넓이로 벌려 오른발을 오른쪽에 딛고 왼발은 살짝 뗀다		①동작 반복		②동작 반복	
사 진									

(4) 올림장단

(5) 깽무갱장단

4) 논갈이: 삼채장단

(1) 한 줄로 서면 상쇠의 '개갱- 깩--' 신호를 듣고 왼쪽으로 돌아
　　 상쇠와 앞치배를 마주본다.
(2) 또 다시 상쇠가 '개갱- 깩--' 신호를 하면, 2인 한 조가 되어 앞뒤로 선다.
　　 앞사람(2번 법구)은 허리를 굽혀 소가 되고 뒷사람(1번 법구)은
　　 농부(밭갈애비)가 되어 밭 갈 준비를 한다.

논갈이 준비

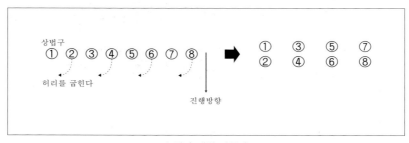

논갈이 대형 만들기

(3) 제자리에서 한 장단 들고 앞으로 걸어 나가며 밭을 간다.

앞으로 4장단 정도 진행한다.

삼채장단	깽		마깽	깽		마깽	깽		마깽	깽		깽
동작구분	①			②			③			④		
앞 (소) 상체동작	소고 든 왼손을 아래로 둥글게 내린다			소고채 든 오른손을 아래로 둥글게 내린다			①동작 반복			②동작 반복		
앞 (소) 하체동작	왼발을 무릎 높이로 올려 내 딛는다			오른발을 무릎높이로 올려 내 딛는다								
뒤 (농부) 상체동작	허리를 살짝 굽히며 두손을 배높이로 나란히 들어 왼쪽으로 너울거리듯 한다			같은 자세로 오른쪽으로 너울거리듯 한다								
뒤 (농부) 하체동작	왼발을 내딛는다			오른발을 내 딛는다								
사 진												
삽 화 (소)												

(4) 올림장단

(5) 깽무갱장단

5) 논 써래질: 삼채장단

(1) 한 줄로 서면 상쇠의 '개갱- 깩--' 신호를 듣고 왼쪽으로 돌아
   상쇠와 앞치배를 마주본다.
(2) 또 다시 상쇠가 '개갱- 깩--' 신호를 하면, 2인 1조가 되어 앞뒤로 나란히 선다.
   앞사람(2번 법구)은 허리를 굽혀 소가 되고 뒷사람(1번 법구)은 농부가 된다.
   대형 만드는 것은 4) 논갈이와 같다.

논 써래질 준비

(3) 상쇠가 삼채를 치면 제자리에서 한 장단 들고 소와 농부가 써래질을 해 나간다. 왼발-오른발 순서로 자연스럽게 5~6장단 진행한다.

삼채장단		깽		마깽	깽		마깽	깽		마깽	깽		깽
동작구분		①			②			③			④		
앞 (소- 논갈이와 동일)	상체동작	소고 든 왼손을 아래로 둥글게 내린다			소고채 든 오른손을 아래로 둥글게 내린다			①동작 반복			②동작 반복		
	하체동작	왼발을 무릎높이로 올려 내 딛는다			오른발을 무릎높이로 올려 내 딛는다								
뒤 (농부)	상체동작	소고를 양손으로 세워 잡고, 허리를 살짝 굽히며 땅을 써래질 한다.			소고를 양손으로 세워 잡고, 허리를 살짝 굽히며 땅을 써래질 한다.								
	하체동작	왼발을 내딛는다			오른발을 내 딛는다								
사 진													
삽 화 (소)													

(4) 올림장단

(5) 깽무갱장단

6) 못자리 만들기: 오채장단

(1) 한 줄로 서면 상쇠의 '개갱- 깩--' 신호를 듣고 왼쪽으로 돌아
    상쇠와 앞치배를 마주본다.
(2) 또 다시 상쇠가 '개갱- 깩--' 신호를 하면, 3인 1조가 되는데,
    1번과 3번 사람이 마주보고 서고, 그 뒤에 2번 사람이 뒤돌아서서 삼각모양을
    만든다.

못자리 만들기 준비

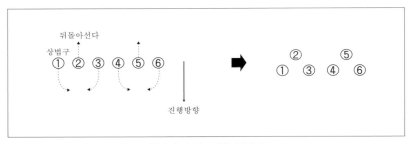

못자리 만드는 대형 만들기

(3) 상쇠가 오채를 치면 제자리에서 한 장단 들고 세 사람이 한 조가 되어
모판을 반듯하게 골라 나간다. 5~6장단 진행한다.

오채장단		깽	마	갱	깽	마	갱	깽	마	갱	개	갱	
동작구분		①			②			③			④		
양옆	상체동작	소고를 양손으로 세워 잡고, 땅에 골을 파는 동작을 한다			①동작 반복			①동작 반복			①동작 반복		
	하체동작	진행방향 발을 앞으로 딛는다			다른발을 진행 방향 발옆에 갖다 놓는다			제자리에서 양무릎을 굽혔다 편다			제자리에서 양무릎을 굽혔다 편다		
뒤	상체동작	허리를 굽혀 소고를 쥔 양손으로 왼쪽 땅을 고른다			허리를 굽혀 소고를 쥔 양손으로 오른쪽 땅을 고른다			허리를 굽혀 소고를 쥔 양손으로 왼쪽 땅을 고른다			허리를 굽혀 소고를 쥔 양손으로 오른쪽 땅을 고른다		
	하체동작	왼발을 뒤로 딛는다			오른발을 왼발옆에 갖다 놓는다			①동작 반복			②동작 반복		
사 진													

(4) 올림장단
(5) 깽무갱장단

7) 볍씨 뿌리기: 삼채장단

(1) 한 줄로 서면 상쇠의 '개갱- 깩--' 신호를 듣고 왼쪽으로 돌아
    상쇠와 앞치배를 마주본다.
(2) 또 다시 상쇠가 '개갱- 깩--' 신호를 하면, 2인 1조가 되어 마주보고 선다.
    소고를 왼쪽 허리에 끼고 소고채를 든 오른손은 소고 위에 올려놓아
    볍씨 뿌릴 준비를 한다.

볍씨 뿌리기 준비

(3) 상쇠가 삼채를 치면 제자리에서 한 장단 들고 옆걸음으로 이동하면서
    볍씨를 못자리에 골고루 뿌려나간다. 5~6장단 진행한다.

삼채장단	깽	마깽	깽	마깽	깽	마깽	깽	깽
동작구분	①		②		③		④	
상체동작	오른손을 왼쪽에서 오른쪽으로 뿌린다		오른손을 다시 왼손 허리에 낀 소고위에 올려놓는다		①동작 반복		②동작 반복	
하체동작	진행방향의 발을 앞으로 내딛는다		다른쪽 발을 진행방향 발옆에 갖다 놓는다					
사 진								
삽 화								

(4) 올림장단

(5) 깽무갱장단

8) 수수부룩치기: 오채장단 + 조랭이장단

(1) 한 줄로 서면 상쇠의 '개갱- 깩--' 신호를 듣고 왼쪽으로 돌아
    상쇠와 앞치배를 마주본다.
(2) 또 다시 상쇠가 '개갱- 깩--' 신호를 하면, 2인 1조가 되어 앞뒤로 선다.
    2번이 왼쪽 1걸음 앞으로, 오른발 사선 1걸음 앞으로 나와 허리를 굽혀
    소고를 왼쪽 어깨에 모으고 선다. 1번은 소고를 왼쪽 허리춤에 끼고,
    오른손을 소고 위에 올려놓고 선다. 대형 만드는 것은 4) 논갈이, 5) 써래질과
    같다.

수수부룩치기 준비

(3) 상쇠가 오채를 치면 제자리에서 한 장단 듣고 수수부룩을 쳐 나간다.
    오채 한 장단과 조랭이 한 장단을 번갈아 치는 것을 반복하는데, 오채장단에는
    앞으로 진행을 하고 조랭이장단에 수수부룩을 친다.
    앞사람은 괭이로 땅을 파고, 뒤의 두 사람이 수수부룩을 쳐 나간다.
    4~5장단 진행한다.

조랭이장단	깽			깽		개	깽	마	깽	개	깽	
동작구분	①			②			③			④		

		①	②	③	④
앞	상체동작	소고 모아 쥔 양손을 괭이질 하듯 반원을 그리며 내린다		내렸던 양손을 왼쪽 어깨위로 다시 올린다	
	하체동작	왼발을 딛는다		오른발을 왼발옆에 갖다놓는다	
뒤	상체동작	오른손으로 씨앗을 뿌린다	왼쪽 소고위에 오른손을 올려놓는다	소고위에 오른손을 올려놓은 상태	소고위에 오른손을 올려놓은 상태
	하체동작	오른발 뒷꿈치로 땅을 꾹 누른다	오른발을 제자리에 놓는다	오른발로 눌렀던 땅부분에 왼발로 흙을 밀어 덮는다	왼발을 제자리에 놓는다
사 진					
삽 화 (앞사람)					

(4) 올림장단

(5) 깽무갱장단

9) 콩심기: 오채장단

(1) 한 줄로 서면 상쇠의 '개갱- 깩--' 신호를 듣고 왼쪽으로
   돌아 상쇠와 앞치배를 마주본다.
(2) 또 다시 상쇠가 '개갱- 깩--' 신호를 하면, 한 줄로 선 상태에서
   왼쪽 허리에 소고를 끼고 소고채 든 오른손을 소고 위에 올려놓는다.

콩심기 준비

(3) 상쇠가 오채를 치면 제자리에서 한 장단 듣고 콩을 심어나간다.
   소고를 콩을 담은 그릇처럼 허리 옆에 끼고 발뒤꿈치로 땅을 눌러서
   콩 심을 공간을 만들고, 씨앗을 심어 간다. 7~8장단 진행한다.

오채장단	깽	마	갱	깽	마	갱	깽	마	갱	개	갱	
동작구분	①			②			③			④		
상체동작 (수수부룩치기 의 뒷사람과 동일)	오른손으로 씨앗을 뿌린다			왼쪽 소고위에 오른 손을 올려놓는다			소고위에 오른손을 올려놓은 상태			소고위에 오른손을 올려놓은 상태		
하체동작 (수수부룩치기 의 뒷사람과 동일)	오른발 뒷꿈치로 땅을 꾹 누른다			오른발을 제자리에 놓는다			오른발로 눌렀던 땅 부분에 왼발로 흙을 밀어 덮는다			왼발을 제자리에 놓는다		
사 진												
삽 화												

(4) 올림장단

(5) 깽무갱장단

10) 모찌기: 오채장단

(1) 한 줄로 서면 상쇠의 '개갱- 깩--' 신호를 듣고 왼쪽으로 돌아
    상쇠와 앞치배를 마주본다.
(2) 또 다시 상쇠가 '개갱- 깩--' 신호를 하면, 한 줄로 앉아
    소고와 소고채를 왼쪽에 놓는다.

모찌기 준비

(3) 상쇠가 오채를 치면 제자리에서 모를 뽑아 올리고, 모은 모의 흙을 헹구고,
    헹군 모를 묶어 뒤에 던져놓는 세 가지 동작을 나누어 한다.
    세 동작을 3~4번 반복한다.

오채장단	깽	마	갱	깽	마	갱	깽	마	갱	개	갱	
동작구분	①			②			③			④		

		①	②	③	④
첫 번 째 동 작	상체 동작	모판에서 모를 뽑아 올린다	①동작 반복	①동작 반복	①동작 반복
	하체 동작	제자리에 앉아서			
	사 진				
	삽 화				
두 번 째 동 작	상체 동작	뽑아올린 모를 손에 움켜쥐고 흙을 행군다	①동작 반복	①동작 반복	①동작 반복
	하체 동작	제자리에 앉아서			
	사 진				
	삽 화				

오채장단		깽	마	갱	깽	마	갱	깽	마	갱	개	갱	
동작구분		①			②			③			④		
세 번 째 동 작	상체 동작	행군 모를 왼손에 쥐고			오른손으로 오른쪽으로 돌려묶는 동작			묶은 모를 왼쪽 뒤에 놓는다			왼손을 다시 앞으로 가져온다		
	하체 동작	제자리에 앉아서						왼발을 앞으로 딛는다			오른발을 끌어 왼발에 붙인다		
	사 진												
	삽 화												

(4) 올림장단

(5) 깽무갱장단

11) 모심기: 오채장단

(1) 한 줄로 서면 상쇠의 '개갱- 깩--' 신호를 듣고 왼쪽으로 돌아
    상쇠와 앞치배를 마주본다.
(2) 또 다시 상쇠가 '개갱- 깩--' 신호를 하면, 모찌기 할 때 내려놓았던
    소고를 집어든다.
(3) 다시 상쇠가 '개갱- 깩--' 신호를 하면 모심기 대형을 만든다.
    양끝의 법구잽이가 모줄을 만들기 위해 한 발 앞으로 나오고,
    나머지 법구잽이들은 뒤돌아 허리를 굽혀 한 줄로 선다.

모심기 준비

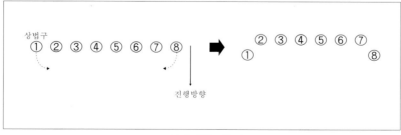

모심기 대형 만들기

(4) 상쇠가 오채를 한 장단 치고 나면, 모를 심어나간다. 6~7장단 반복한다.

오채장단		깽	마	갱	깽	마	갱	깽	마	갱	개	갱	
동작구분		①			②			③			④		
못줄	상체동작	허리를 살짝 굽혀 양팔을 내렸다 올렸다 한다 오른팔을 올려 못줄을 이동하는 동작을 한다 (한 장단에 한 동작씩 번갈아 한다)											
	하체동작	오른발을 옆으로 딛는다						왼발을 오른발 옆에 붙인다					
모심는사람	상체동작	허리를 굽힌채로 소고채로 모심듯이 한다 (한 동작에 왼쪽에서 오른쪽을 3번정도 심는다)											
	하체동작	왼발을 뒤로 딛는다						오른발을 왼발옆에 붙인다					

모심는 동작

못줄 넘기기

(4) 올림장단
(5) 깽무갱장단

12) 김매기

(1) 한 줄로 서면 상쇠의 '개갱- 깩--' 신호를 듣고 왼쪽으로 돌아
   상쇠와 앞치배를 마주본다.
(2) 상쇠가 김매기 소리를 하기 위해 꽹과리를 놓고 북을 멘다.
(3) 상쇠가 '군방네~' 하면 법구잽이들이 '어' 하고 대답한다.
   다시 상쇠가 '군방네~ 옛날 노인 허시던 대로 방아 한번 불러시더~' 하고
   긴방아 타령부터 시작한다. 상쇠가 먼저 메기고 법구잽이가 받는 형식이다.

〈긴방아타령〉
군방 군방 군방네야
      오호
군방네 부른건 다름 아니고 옛날 노인
허시던 방아 한번 하자고 불러시데
      오호
음외 에헤에 이히야라
방아 음오 오호오
      음외 에헤에 이히야라
      방아 음오 오호오
노세 노세 젊어서 노세
      음외 에헤에 이히야라
      방아 음오 오호오
무정 세월 가지를 마라
      음외 에헤에 이히야라
      방아 음오 오호오

긴방아타령

선소리: 황상복
채보: 정서은

〈꽃방아타령〉

에 헤 헤에어허
에히 여히에해야하
에야 라 되 야
에히여 좋 소
    에 헤 헤에어허
    에히 여히에해야하
    에야 라 되 야
    에히여 좋 소
좋다 좋았구나
삼십이 썩 넘어 나 늙었구나
다시 젊지는 꽃집이 앵도라졌네
    에 헤 헤에어허
    에히 여히에해야하
    에야 라 되 야
    에히여 좋 소
좋다 좋아 좋다
뽕따러 가세 뽕따러 가자
뒷집 후원으로 뽕따러 가세
겸사 겸도로 뽕도 따고 임도 보고
에루화 뽕따러 가자
    에 헤 헤에어허
    에히 여히에해야하
    에야 라 되 야
    에히여 좋 소
좋다 좋았구나
낙락장송 늘어진 가지
독수공방 홀로 앉아 울고 있는
저 뻐꾹새는 임이 죽은 혼령인지
날만 보면 에루화 더 슬피 우네

에 헤 헤에어허
에히 여히에해야하
에야 라 되 야
에히여 좋 소

꽃방아타령

선소리: 황상복
채보: 정서은

〈훨훨이타령〉

훨 훨 훨이 훨 훨이 호호라
  훨 훨 훨이 훨 훨이 호호라
옛날 옛적 진시황은
  훨 훨 훨이 훨 훨이 호호라
만건시설 불사를 적에
  훨 훨 훨이 훨 훨이 호호라
이별 두자를 못살렸거늘
  훨 훨 훨이 훨 훨이 호호라
앞집의 처녀 뒷집의 총각
  훨 훨 훨이 훨 훨이 호호라
앞집의 처녀는 시집을 가는데
  훨 훨 훨이 훨 훨이 호호라
뒷집의 총각은 목매러가네
  훨 훨 훨이 훨 훨이 호호라
목내는 것은 아깝지 않으나
  훨 훨 훨이 훨 훨이 호호라
새끼 서발이 또 넘어간다
  훨 훨 훨이 훨 훨이 호호라
여보게 총각 목을 매지를 말고
  훨 훨 훨이 훨 훨이 호호라
나 시집간데로 몸살러오게
  훨 훨 훨이 훨 훨이 호호라

훨훨이타령

선소리: 황상복
채보: 정서은

〈새타령〉

엘렐레 상사디야

　　엘렐레 상사디야

새가 새가 날아든다

　　엘렐레 상사디야

왼갖 잡새가 날아든다

　　엘렐레 상사디야

어허라 좋소

　　어허라 좋소

새타령

선소리: 황상복
채보: 정서은

소리를 할 때 법구잽이들은 허리를 살짝 굽혀 왼쪽 오른쪽으로 팔을 흔들며 김을 매 나간다. 앞으로 나가다가 상쇠와 가까워지면, 상쇠가 메길 때는 뒤로 가면서 움직이고 법구잽이들이 소리를 받을 때는 앞으로 나간다.

소리를 받으며 김을 매는 법구잽이들

(4) 새타령까지 끝나면 상쇠가 다시 꽹과리를 잡고 갱무갱 장단을 치면,
    법구잽이들이 대형을 원으로 만든다. 원이 다 만들어지면 장단을 마무리 한다.

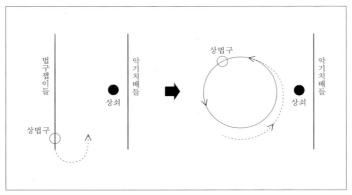

김매기 마무리 대형

13) 퇴비하기와 퇴비가리 쌓기: 오채장단 + 조랭이 장단

(1) 원 대형에서 상쇠의 '개갱- 깩--' 신호를 듣고 원 안을 보고 제자리에 앉는다.
(2) 제자리에서 오채 한 장단을 들고 , 다음 오채 한 장단에 앉은 자리에서
소고채 든 왼손을 땅에 찧듯이 한다.
(3) 다음 오채 한 장단에 소고채 든 손을 들어 왼쪽·오른쪽으로 흔든다.
(4) 오채 장단과 조랭이 장단으로 원 안팎을 들고 나기를 세 번 한다.

소고채를 땅에 찧듯이 한다.

소고채를 왼쪽 오른쪽으로 흔든다.

(원 들고 나기 첫 번째)

① 다음 오채 한 장단에 각자 앉은 자리에서 돌아 원 밖을 보고 일어선다.
② 다음 오채 두 장단에 허리를 반 쯤 굽혀 오른발부터 걸어나온다.
③ 조랭이 한 장단에 원 진행방향(시계 반대방향)으로 앉는다.
④ 오채 두 장단에 소고채를 퇴비를 잘라 모으는 동작을 한다.

원 걸어 나오기

퇴비 자르기

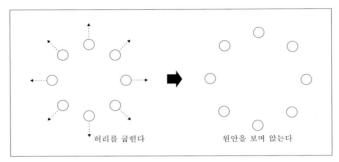

퇴비주기 첫번째 대형

(원 들고 나기 두 번째)

① 조랭이 한 장단에 왼쪽으로 돌아 원 안을 바라본다.

② 오채 두 장단에 허리를 반쯤 굽혀 원 안으로 들어간다.

③ 조랭이 한 장단에 몸을 돌려 원 밖을 향한다.

④ 다음 오채 두 장단에 허리를 반쯤 굽혀 오른발부터 걸어 나온다.

원 걸어 들어가기

원 다시 나오기

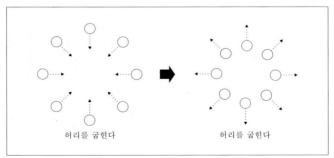

퇴비주기 두번째 대형

(원 들고 나기 세 번째)

① | 깽 | | 객 | 개 | 깽 | 깽 | | 깽 | | 장단 7~8번에
법구잽이들이 양팔을 모아 올리는 동작을 하면 원 안으로 들어간다.

② 원이 다 좁혀지면 법구잽이들 '와~' 소리를 내며 가운데로 팔을 올려 모으고,
상쇠가 갱무갱 장단을 치면 원을 넓히며 걷는다. 원이 원래대로 넓어지면
갱무갱 장단 마무리 한다.

양 팔 벌려 원 들어가기

양 팔 들어 마무리(퇴비가리 쌓기)

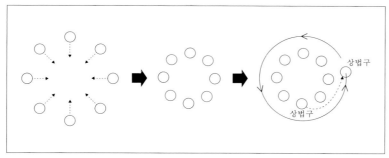
퇴비주기 세번째 대형

(5) 상쇠의 '개갱- 깩--' 하는 신호에 법구잽이들 제자리에 앉는다.

(6) 오채 한 장단 들고, 오채 장단에 한 걸음씩 원안으로 세 장단에 세 번 들어갔다
가 세 장단에 세 번 나온다. 이때 양손을 어깨 높이에서 벌렸다 모았다 한다.

쪼그려 뛰어 원 들어가기   쪼그려 뛰어 원 나오기

(7) 원이 원래대로 커지면, 상법구잽이부터 일어나 자기 뒷법구잽이부터 한 사람씩 지그재그로 깨끔 춤사위로 지나간다.

뒷법구잽이는 앞법구잽이가 자기 앞을 지나가면 일어나 자기 뒷법구잽이 앞을 지그재그로 지나간다.

(8) 앉았던 법구잽이가 차례대로 다 일어나게 되면 올림장단과 깽무갱 장단으로 치배와 마주보는 대형으로 가서 한 줄로 선다.

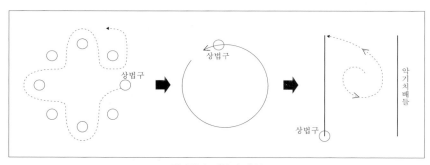

퇴비주기 마무리 대형

14) 벼베기: 오채장단 + 조랭이 장단

(1) 상쇠의 '개갱- 깩--' 신호에 법구잽이들이 상쇠를 마주 보고 선다.
(2) 상쇠가 다시 '개갱-깩--' 신호를 하면 한 줄로 선 상태에서 허리를 굽힌다.

벼베기 준비

(3) 상쇠가 오채를 치면 한 장단 들고, 오채 한 장단에 벼를 베면서 두 걸음 가고,
조랭이 한 장단에 벤 벼를 옆으로 눕혀 놓는 동작을 한다.
베 베고 놓는 동작을 3~4번 반복한다.

오채장단	깽	마	갱	깽	마	갱	깽	마	갱	개	갱	
동작구분	①			②			③			④		
상체동작	소고채로 벼 베는 동작을 4번 한다											
하체동작	왼발을 앞으로 딛는다						오른발을 앞으로 딛는다					
조랭이장단	깽			깽		개	깽	무	갱	개	갱	
동작구분	①			②			③			④		
상체동작	벤 벼를 왼쪽에 눕혀 놓는 동작을 한다											
하체동작	왼발을 앞으로 딛는다						오른발을 앞으로 딛는다					

벼베기

벼 뉘기

(4) 올림장단

(5) 깽무갱장단

15) 벼 실어나르기: 오채장단 + 조랭이 장단

(1) 상쇠의 '개갱- 깩--' 신호에 법구잽이들이 상쇠를 마주 보고 선다.
(2) 상쇠가 다시 '개갱-깩--' 신호를 하면 짝수번 사람이 홀수번 사람 앞으로 와서 엎드려 소 시늉을 한다. 대형 만드는 것은 4) 논갈이, 5) 써래질, 8) 수수부룩치기와 같다.

벼 실어나르기 준비

(3) 상쇠가 오채를 치면 한 장단 듣고, 오채 한 장단에 소와 농부가 앞으로 나간다.
(4) 다음 오채 한 장단에 소는 제자리에 서고, 농부는 소의 왼편으로 간다.
　　조랭이 한 장단에 한 번씩 소 등에 벼를 실어 올리는데, 두 번 반복한다.
(5) 오채 한 장단에 농부가 소의 오른편의 간다.
　　조랭이 한 장단에 한 번씩 소 등에 벼를 실어 올리는데, 두 번 반복한다.

소 왼쪽에서 벼 싣기

소 오른쪽에서 벼 싣기

소 등에 벼 싣기

(6) 오채 한 장단에 소 등위로 줄을 넘겨 벼를 묶고,
소의 배를 무릎으로 살짝 차서 가자는 신호를 한다.

줄 넘겨 묶기

소에게 가자는 신호

(7) 오채 한 장단에 농부가 다시 소 뒤로 간다.
오채 한 장단에 소와 농부가 앞으로 나간다.

(8) 다음 오채 한 장단에 소는 제자리에 서고, 농부는 소의 왼편으로 간다.
조랭이 한 장단에 한 번씩 소 등에 벼를 내려 놓는데, 두 번 반복한다.

(9) 오채 한 장단에 농부가 소의 오른편으로 간다.
조랭이 한 장단에 한 번씩 소 등에 벼를 내려놓는데, 두 번 반복한다.

소 왼쪽에서 벼 내리기

소 오른쪽에서 벼 내리기

(10) 오채 한 장단에 농부가 다시 소 뒤로 간다.

(11) 올림장단

(12) 깽무갱장단

16) 타작하기: 오채장단

(1) 상쇠의 '개갱- 깩--' 신호에 법구잽이들이 상쇠를 마주 보고 선다.
(2) 상쇠가 다시 '개갱-깩--' 신호를 하면 도리깨질·탈곡기 돌리기·탈곡기 시늉·절구 놓고 벼 태질하기 등 타작하는 여러 가지 동작을 취한다.

타작하는 여러 동작들

(3) 상쇠가 오채를 치면 한 장단 듣고 5~6 장단에 각자 타작을 한다.
(4) 올림장단
(5) 깽무갱장단

17) 벼 불리기(나비질): 삼채장단

(1) 상쇠의 '개갱- 깩--' 신호에 법구잽이들이 상쇠를 마주 보고 선다.

(2) 상쇠가 다시 '개갱-깩--' 신호를 하면 법구잽이들이 모두 둥그렇게 모여선다.

(3) 상쇠가 삼채를 치면 키와 넉가래 등으로 곡식에 섞여있는 검불이나 쭉정이를 날려보내는 시늉을 한다. 5~6장단 반복한다.

(4) 올림장단

(5) 깽무갱장단

넉가래와 키로 나비질하는 동작

18) 광짓기: 삼채장단

(1) 상쇠가 삼채를 치면 세 사람을 제외한 법구잽이들이 오른쪽 다리를 옆사람의 왼쪽 종아리에 올려 광을 만든다.

(2) 남은 세 사람 중 두 사람이 짝을 지어 나머지 한 사람의 등에 벼 가마를 짊어지우는 시늉을 한다.

(3) 벼 가마를 진 사람은 삼채 장단에 맞춰 걸어가 광에 벼 가마를 내려놓는다.

광 만들기

광에 벼 실어 나르기

19) 올지갈지

(1) 벼 광이기가 끝나면, 갱무갱 장단에 법구잽이들과 치배들이 움직여
    원 하나를 만든다.
(2) 올지갈지는 오채장단과 조랭이 장단이 서로 짝이 되어 원 대형을
    시계반대방향과 시계방향으로 움직이는 것을 말하는데 세 번 한다.

─ 첫번째 올지갈지(오채 한 장단 + 조랭이 한 장단)
    ① 오채 한 장단에 시계반대방향으로 걷는다.
    ② 조랭이 한 장단에 방향을 시계방향으로 바꾼다.
    ③ 오채 한 장단에 시계방향으로 걷는다.
    ④ 조랭이 한 장단에 방향을 시계반대방향으로 바꾼다.

─ 두번째 올지갈지(오채 두 장단 + 조랭이 두 장단)
    ① 오채 두 장단에 시계반대방향으로 걷는다.
    ② 조랭이 한 장단에 방향을 원 안으로, 다음 조랭이 한 장단에 시계방향
       으로 방향을 바꾼다.
    ③ 오채 두 장단에 시계방향으로 걷는다.
    ④ 조랭이 한 장단에 방향을 원 안으로, 다음 조랭이 한 장단에 시계반대
       방향으로 방향을 바꾼다.

─ 세번째 올지갈지(오채 세 장단 + 조랭이 세 장단)
    ① 오채 세 장단에 시계반대방향으로 걷는다.
    ② 조랭이 한 장단에 제자리, 다음 장단에 원 안으로, 다음 장단에 시계방
       향으로 방향을 바꾼다.
    ③ 오채 세 장단에 시계방향으로 걷는다.
    ④ 조랭이 한 장단에 제자리, 다음 장단에 원 안으로, 다음 장단에 시계반
       대방향으로 방향을 바꾼다.

올지갈지에서 조랭이 장단에 원 안을 보기

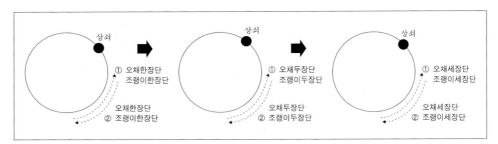

올지갈지 대형

4. 뒷풀이마당

올지갈지가 끝나면 오채를 치면서 원 대형으로 오채로 원을 돌다가 깽무갱 장단으로 멍석말이를 했다 풀고 나온다.(때에 따라서는 멍석말이를 생략하는 경우도 있다.)

뒷풀이 때는 오채장단·댄스장단·꼬방장단 등 여러 가지 장단을 치는데 치배·잡색·기수들이 모두 장단에 맞춰 춤을 춘다.

여흥을 푸는 잡색들

여흥을 푸는 치배들

5. 양주농악의 기본장단

(1) 꼬방장단

쇠	꼬	방	꼬	방	꼬	방	꼬	방
제금	챙		챙		챙		챙	
징	징		징		징		징	
장구	덩		덩		궁	따	궁	
북	둥		둥		둥		둥	

(2) 삼채

쇠 1	깽		마깽	깽		마깽	깽		마깽	깽		깽
쇠 2	깽마	깽마	깽	깽마	깽마	깽	깽마	깽마	깽	깽		깽
제금	챙		챙	챙		챙	챙		챙	챙		챙
징	징	짓		징	짓		징		징			
장구	덩		따	궁		따	궁		따	궁	따	
북	둥			둥			둥			둥		

삼채는 길군악 장단이라고도 하며, 늦은 삼채 또는 굿거리 느낌이 나는 장단이다. 삼채는 처음에는 느리게 치다가, 오래 치게 될 경우에는 빨라지기도 한다.

(3) 삼채 연결장단 (점점 빨리 친다)

쇠	깽		마깽	깽		마깽	깽		마깽	깽		깽
장구	궁		따따	궁		따따	궁		따따	궁		따

(4) 올림장단

쇠	깽		깽		깽	마	깽	
제금	챙		챙		챙		챙	
징	징							
장구	덩		덩		덩		덩	
북	둥		두		둥		두	

오채 또는 삼채를 치다가 다른 장단(보통 깽무갱장단)으로 넘기기 전에 반드시 올림장단으로 연결해 준다. 다른 지역의 이채장단과 같다.

(5) 깽무갱 장단

쇠	깽	무	갱	깽	무	갱	깽	무	갱	깽	무	갱
제금	챙	챙	챙	챙	챙	챙	챙	챙	챙	챙	챙	챙
징	징			징			징			징		
장구	궁	따	따	궁	따	따	궁	따	따	궁	따	따
북	두		둥	두		둥	두		둥	두		둥

깽무갱장단은 웃다리 풍물에서 삼채를 빨리 몰 때 치는 쩍쩍이 장단과 매우 흡사하다. 양주농악에서는 삼채를 잦게 몰다가 혹은 오채 또는 칠채를 치다가 올림장단을 친 다음 깽무갱장단으로 넘어가서 장단을 마무리 한다. 그리고 중요한 것은 삼채나 오채로 시작한 각 농사풀이를 마무리 지을 때 항상 사용하는 장단이다.

(6) 오채(올쭈갈쭈) 장단

쇠	깽	마	갱	깽	마	갱	깽	마	갱	개	갱	
제금 1	챙		챙	챙		챙	챙		챙		챙	
제금 2	챙		챙		챙		챙		챙		챙	
징 1	징						징					
징 2	징			징			징					
장구	덩			덩			덩			따		궁
북 1	둥		두	둥		두	둥		둥		둥	
북 2	둥		둥		둥		둥		둥		둥	

양주농악의 오채는 왜 장단 이름이 오채인지 모르겠으나, 소고잽이들의 농사풀이가 끝나고 모든 잽이들이 원을 만들어 오른쪽으로 갔다 왼쪽으로 갔다 하는 일종의 진풀이를 할 때 쓰는 장단이라 '올지갈지' 장단이라고도 한다. 특히 '올지갈지'는 세 번 진행되는데 횟수를 거듭할 때마다 오채 장단이 하나씩 늘어나는 특이한 점이 발견된다. 즉 첫 번째 올지갈지를 할 때는 오채 한 장단에 가고, 두 번째 올지갈지를 할 때는 오채 두 장단에 그리고 세 번째 올지갈지를 할 때는 오채 세 장단에 좌우로 각각 이동한다는 것이다. 이 오채 장단은 다른 지역의 삼채와 아주 흡사하며 양주농악에서 삼채와 더불어 가장 많이 쓰인다. 오채장단은 법구잽이들이 가장 신나게 춤출 수 있는 장단이라고 하며 신이 나면 잔가락을 많이 구사할 수 있는 장단이라고 한다.

(7) 조랭이 장단

쇠	깽			깽	개	깽	마	갱	개	갱	
제금 1	챙			챙		챙			챙		
징 1	징				징						
장구	덩			덩		덩			따		궁
북 1	둥		두	둥	두	둥		둥		둥	

조랭이장단은 독립해서 쓰이지 않고, 반드시 오채로 시작한 농사풀이(수수부룩치기, 퇴비주기, 벼베기, 벼 실어나르기)에서 동작을 연결해주는 장단으로 쓰인다.

(8) 상쇠(이채) 장단

쇠 1	상		쇠	상		쇠	똥		쌌		다
쇠 2	초	상		상		재	똥		쌌		다
제금	챙			챙			챙				챙
징	징			징			징				
장구	덩			덩			쿵		따		쿵
북	둥			둥			둥				둥

(9) 딴수(댄스) 장단

쇠	딴	딴	딴	딴	딴	딴	딴	따라	딴딴	딴	딴	딴
제금	챙	챙	챙	챙	챙	챙	챙	챙		챙	챙	챙
징	징			징			징	징		징		
장구	덩	덩	덩	덩	덩	덩	궁	따따	따따	덩	덩	덩
북	둥	둥	둥	둥	둥	둥	둥	두두	두두	둥	둥	둥

댄스장단은 신나는 행진곡풍의 장단인데, 길을 걸을 때 치며 빨리 걸을 때 치면 좋다고 한다. 장단의 유형이 특별해서 언제부터 치느냐는 질문에 황상복 상쇠 어렸을 때부터 쳐 왔던 장단이라고 한다. 이 댄스장단은, 양주고전농악을 치는 양주 제보자들에 따르면 행진 장단으로 예전에 군대에서 이 장단에 맞추어 제식훈련을 했다고 하나 어느 정도의 신빙성이 있는지는 의문이다.[4]

---

4) 김헌선, 앞의 논문, 7면.

(10) 칠채

쇠	깽	무	갱	깽		깽	무	갱	깽		깽	무	개	깽	무	개	깽	무	갱	깽	
	깽	무	갱	깽		깽		깽	무	개	깽	무	갱	깽							
징	징					징					징			징			징				
	징					징															
장구	궁	따	궁		궁	따	궁		궁	따	궁			따	궁		따	궁			
	궁	따	궁		궁	따	궁	따	구	궁	따	구	궁								
북	둥	두	둥		둥	두	둥		둥	두	둥			두	둥		두	둥			
	둥	두	둥		둥	둥	두	둥	두	둥											

칠채는 한 장단에 3소박과 2소박이 혼합되어 구성된 장단으로, 다른 경기도 지역에서도 널리 쓰이는 장단이다. 양주농악에서도 즐겨 쓰이며 특히 길을 갈 때 치기 좋은 장단이라고 한다. 하지만 요즘엔 멀리 길을 가는 경우도 드물 뿐더러 3소박과 2소박의 혼합박이라 법구잽이들이 춤을 추기 곤란해 하기 때문에 거의 치지 않게 되었다고 한다.

6. 법구 개인놀이

법구 개인놀이는 현재 몇몇 회원들의 기억에만 남아있는 법구의 장기자랑으로, 조금씩 동작을 보완해 가며 회원들이 익히고 있다. 법구개인놀이는 오채로 놀아진다.

법구놀이 1~1-2의 동작은 오채에 맞춰 법구수가 앉았다가 일어나면서 왼발을 들고, 다시 앉았다가 일어나면서 오른발을 드는 동작이다. 왼발·오른발을 번갈아 들어야 하기 때문에 순발력과 민첩성이 요구되는 동작이다.

법구놀이 1

법구놀이 1-1

법구놀이 1-2

법구놀이 2~2-1의 동작은 법구수가 앉아서 장단에 맞추어 어깨를 이용하여 팔로 너울너울 춤을 추는 동작이다.

법구놀이 2

법구놀이 2-1

법구놀이 3~3-3의 동작은 법구수들이 원을 만들어 원 안과 원 밖을 번갈아 보며 원을 진행하는 동작이다. 원 안을 볼 때는 오른손과 오른팔을 앞으로 뻗어 서로의 얼굴을 보며 원을 진행하고, 원 밖을 볼 때는 왼손과 왼팔을 앞으로 뻗어 원 밖으로 시선을 향한 채 원을 진행한다.

법구놀이 3

법구놀이 3-1

법구놀이 3-2

법구놀이 3-3

양주농악 회원들과의 인터뷰

1. 황상복 (1939년생)

조사자: 1990년도에 양주농악이 어떻게 구성
되게 되었습니까?

황상복: 그 전에 허던 것들을 대강 다 아니까
생각해가지고 다 하는 거지. 그리고
또 인원이 많으니까 잊어버린 것도
이쪽에 다 일깨워주고. 그렇게 넣고
헌거지.

황상복

조사자: 어르신 어렸을 때 농악과 관련된 이야
기는 혹시 있나요?

황상복: 그 전엔 종이도 귀했어. 종이. 그래가지구 집집마다 나보더 시방, 내가 예순
아홉이니까 시방 애들이 예순 여섯되. 걔네들한테 너희집에서 양회조각 하나
씩 가져오라 그래가지구 이걸 붙여서 산에 가서 꼿꼿한 낙엽송을 베서 그걸
깎아가지고 거기다 풀 뽑으면 깔깔 말고 고런거 있어. 고걸 맨들어가지고 새
끼로다 줄을 매서 보랫줄. 그리고, 한 댓 명이 내가 깡통을 하날 구해가지구
치는 거야. 그러고 냄비뚜껑 두 개 하면 저금이 되거든. 그렇게 내가 치고 댕
기구 요넘어 홍종춘이라고. 걔는 또 패가 달라. 걔는 홍영남이하고 둘이 댕겼
고. 나는 한 댓 명(송요학, 장영일, 최윤길, 홍평선, 홍승운) 그때만 해도 애들
이야. 내가 인제 오야지. 춤도 추구 일헌다고 밭섶에 가서 꽂아놓고 일헌다고.

저녁땐 구루마가 있었어. 그걸 맨들어서, 그걸 해서 도낄 가지고 나무하러 다닌다고, 해다가 그걸 다 우리집에 쌓는 거지. 그땐 내가 오야니까. 하하하. 그렇게 농악을 좋아헌 거지. 그러다가 허다가 인제, 내가 공부도 못허고, 내가 초등학교 졸업 못했단 말이야. 댕기다가, 왜냐허면 병이 한 이태 아팠었어. 몸이. 그러고 6·25를 당했잖아. 내가 열세 살에. 그래 농악을 군대 가기 전에 농악을 군대가기 전에 많이 했지.

조사자: 농악을 본격적으로 하게 된 것은 언제부터인가요?

황상복: 내가 그때 당시 열일곱부터 농사를, 품앗이를 하러 다녔거든. 어딜 먼저 갔냐 하면 선말을, 거기, 우리 형님이 거길 댕겼어. 나 어렸을 때. 우리 형님 시방 나이로 하면 80인데, 군대 가서 돌아가셨지만, 6·25 때. 안댕기시다가, 내가 거길 또 간 거야. 선말을. 그때만해도 내가 열일곱 정도 됐을 걸. 거길 갔는데 내가 나이가 제일 적지요. 적은데 가서 그때만 해도 내가 소질이 좀 있었거든 내가 빼질 않았지만, 내가 소릴 곧잘 잘했어. 그래 거길 가면은 나는 인제, 농사 짓고 일할 때 그때는 꼭 앞에서 소릴 매겼어요.

조사자: 소리를 매길 때에는 일은 안하시구요?

황상복: 논맬 때에는 꼭 한 사람이 소릴 매겨요. 북을 치고. 따른 사람들은 엎드려 일 허고. 그렇허곤. 부쇨 치고. 이 양반 내밑에서 치듯이. 부쇠, 내가 부쇠를 쳤어. 상쇠가 그때 누구냐면 허점룡 씨라구. 그 양반 돌아갔어요. 선말 상쇠. 같은 석우리지만, 그 양반이 상쇠. 내가 부쇠. 또 그쪽 법구를 대강 아는데 그쪽 법구가 시방 박진옥 씨허고 동갑네들이 했어. 나 헐 적에. 근데, 내가 댕길 때, 시방 돌아갔지만 노복래. 참 잘했어. 노복래, 양장쇠, 우리게 그 양반 살아 있어. 한무석. 그 양반도 돌아갔지. 김선만, 80들 다 되가지. 또 한영식. 우명봉, 돌아갔어. 몇 사람 안살아 있어. 나하고 댕기던 사람.

조사자: 어르신 마을은 박다리지만, 민요나 농악이나 선말에서 배우신거에요?

황상복: 선말에서 뱄구, 그리구나서 우리네가 기가 있는데 사람이 얼마 없었어요. 그래서 배가지고 와서 우리 동네 와서 우리가 또 농악을 댕긴 거야. 그땐 누가 상쇠냐면, 박다리에서. 저, 최용선, 시방 아흔 네 살이야. 돌아갔고. 고담에 또 박석돌. 그 양반도 아흔 네 살. 그리구 저, 홍순희라는 사람은 호적을 불었어. 그 양반도 돌아갔어. 아흔 두 살. 그때 난 부쇠도 치고. 나는 웬만한 건 다 했으니까. 노인네들이 치면 그때도 한참 뱄지. 배서 선말에서 완전히 상쇠를 못

했으니까 우리네에서 선말에서 1년, 우리게서도 한 2년 했나. 그러다가 인제 그때만 해도 선말 농악에서 다니던 거 있지. 우리게 있지. 시방 총무님 민재, 신사래, 우리가 초청해서 칠월 칠석 때 되면 호미씨세라고 다 네 패를 불러서요 넘어서 놀았다구.

조사자: 장소가 어디였어요?

황상복: 송촌마을에 모여서. 그리구 접때 사진에 나온 건 박다리서 찍은 거야. 나 열여덟살 때. 51년 된 거지. 그게 우리집에 있더라구. 농악은 나이가 적어도 내가 제일 고참이야. 농악은 나만큼 오래한 사람이 없어요. 내가 선말 농악가지고 가납리 시장에 가서 옛날에 놀이했다구. 일주일간을 가서 농악을 해서 우리가 소도 타고 했는데, 다른 건 못해도 농악은 제일 고참이지.

이 양반들은 그때 내 앞에서 법구했어. 그 양반은 그 전엔 상법구. 이 양반들, 나 가기 전에 우리 형님 서날 댕길 때 그 양반들하고 싸움도 했어요. 내가 봤지 어려서. 농상기 가지고. 선말이 요 앞에서 농악대 나 적었을 때 꽂았을 때 신사래하고도 싸웠고. 그땐 싸움이, 남의 동네 들어려면 저기 농상기가 있으면 여기 잽이치고 마음대로 못들어가. 기 꽂힌걸 보면 들어가도 좋으냐 북을 땅땅 세 번 쳐야 돼. 잽이 치다 딱 그쳐서.

그러면 여기서 북을 세 번 땅땅 쳐줘야 돼. 그렇지 않으면 못들어가. 그러면 서로가 합의가 되는 거야. 민재 형님 저, 농악헐 때, 내가 선말농악 댕길 때 우리 건물 짓는 우리 밭이 있어요. 거기, 우리 농악이 한 이십 칠팔 명인데, 우리 형님이 품앗이 해서 우리 동네 일꾼이 열 명 됐어. 합해서 한 사십 명이 치고 올라가는데 저기 민재 농기가 저기 꽂힌 거야. 이 양반 거기. 그래서 들어가도 좋으냐고 북을 땅땅 치니까 발벗구서 나와서 이 양반이 땅땅 치니까, 그러니까 산비탈 밭을 거기서 그 사람들 듣기 좋게 한참 잡아 뚜들리는 거야. 보라구. 우리 선말이 제일 잘 놀았어. 저기 저 광릉내까지 갔었는데. 우리가 칠월칠석날 놀이하러.

조사자: 농상기 싸움이 왜 나는 거에요?

황상복: 싸움 헐 때는 내가 헐 때가 아니구, 우리 형님 하실 적에. 그때만 해도 한 이상해요. 한 이웃인데도. 옛날 나이 많은 기 있잖아. 거기에 절하라는 건데,

조사자: 이쪽에서 저쪽으로 들어가기 위해서 이쪽 농상기에서 세 번 치면 저쪽에서도 북을 쳐야 되는 거에요?

황상복: 북을 칠려고 이쪽으로 오진 않고. 영좌기가 꽂혀 있으면 이게 절을 하라는 거지. 이게 영좌니까. 그러니까. 해내미꺼 그거는 올해 103년 된 거야. 우리 아버지가 농악을 다니셨는데, 우리 아버지가 시방 백 열여섯인가, 백 열여섯이에요. 근데, 거기 가면 꼭 절을 했다는 거야. 해내미기 있는데, 그게 지금 보면 맞는 거야. 우리 동네 기가 9년 된 거니까.

조사자: 이 인근에서 농악이 모여서 놀면 농사풀이 하는 곳도 있고 그냥 노는 곳도 있나요?

황상복: 선말에서 노는 날을 잡으면 우릴 초청을 한다고. 와서 하루 놀라고. 그러면 거길 잽이를 치고 들어가요. 들어가면 거기서 손님 맞이를 한다고 치고 나와. 영좌님이 기 꼬랑지 서로 두 개를 붙잡고 춤추고 놀아. 서로 이렇게 꼬랑지 붙잡고 춤추는 거야. 그게 인사야. 그렇게 안그러면 시비가 붙으니까. 그게 얻어먹으면, 우리가 초청안할 수가 없잖아. 그러면 우리가 또 초청을 하는 거야. 우리 동네에서도 네 패가 놀았는데 신사래, 민재, 선말, 우리 동네. 네 패가 놀 때는 우리 동네 사람들은 간단히 놀고 그날 놀면 죄다 심부름 해야 돼. 그때만 해도 돈이 있어, 보리술, 또 다라소주.

조사자: 다라소주는 뭐에요?

황상복: 이런 항아리에 소주가 있어. 주뎅이가 이렇게 달렸지. 그렇게 하면 마개 하나 막으면 그게 다라야. 그때만 해도 밀떡, 보리밥이지. 콩나물하고. 그땐 그거밖에 없어. 없이 살았잖아. 근데도 그거 먹고 좋다고 하다가, 총무 말마따나, 농악을 하자고 해서, 그래서 광적면 사람들끼리 묶어진 거야. 아니까.
처음에 할 때는 회장을 누가 하자고 했냐면, 김병옥이, 그이가 했었어. 그런데 깨지고 말았어. 얼마 안하구. 그래서 여기서 열댓 명이 오더니, 자네가 허게. 내가 허고나서는, 노인네들이구 내 말을 잘 들어. 전화하면 100프로 오고, 그러다 보니 시방은 오육십 명이 뫼거든.

조사자: 박다리마을에 최용선 상쇠가 하실 때에도 농사풀이가 있었나요?

황상복: 농사풀이가 그때만해도 농사짓는 거야. 시방처럼 다는 안했지. 대강허고, 막 놀고,

조사자: 최용선 상쇠 있을 때는 어떤 농사풀이 있었나요

황상복: 농사풀이 인제, 모내는 거. 논매는 거, 콩심는 거. 타작하는 거 정도. 근데, 베를 뫼다 쌓고 하는 광 짓는 거 있는데. 그건 생각이 안나.

조사자: 기고사가 원래 농악의 맨 앞에 하는 건가요?

황상복: 원래는 제일 처음에 덕담부텀 해야 된단 말이야. 다 짓고 나서 고사를 드리니까, 뒤에 해도 상관이 없지.

조사자: 옛날에는 농악하실 때에는 기고사를 제일 먼저 했나요?

황상복: 옛날엔 소반 하나 갖다놓고, 그 전엔 돼지머리가 어딨어. 막걸리 하나 떠놓고 절하고, 빈대떡이나 붙이면 갖다놓고. 기고사는 어디 가면 지내는데, 저런데 공연가서는 막걸리라도 떠놓는 거지.

조사자: 덕담은 누구한테 배우신거에요?

황상복: 산타령은 홍대용 씨라고, 그 노인네가, 나 여러서 소리를 했어. 열일곱 열여덟 때 그 양반 아들이 돌아갔어. 일찍이, 아까 호적 부는 이 홍순희라는 이. 저 너머 장사를 지내는데, 날 보고 소리를 하란단 말야. 그때만 해도 총각인데, 처음 내가 회닫이를 매긴 거야. 근데 그 노인네가 허는걸 보면서 옛날에 그걸 그걸 적어주면서 이걸 배가지고 해라. 옛날에 그 노인네가 얘기책을 무척 읽은 양반이야. 삼국지구 뭐고. 그걸 따서 적어줘서 날 배운 거고. 또 그 덕담. 저 사람이 베껴가지고 왔더라고. 신재범이. 그 전 것도 있는데, 이게 허기가 쉬워.

조사자: 옛날에는 농악 구성이 어떻게 되었나요?

황상복: 그때는 꽹과리 하나, 부쇠 하나, 저금, 징, 장구, 북. 그거지 머. 시방은 많잖아들. 그때는 이걸 살라며는 동네에서 사기도 힘들었어. 지금은 사기가 쉽지만. 당시엔 악기는 그거 밖에 없어. 참, 호적 하나 있구. 그 전엔 소고도, 그 전엔 맹근거야. 쳇바퀴 있잖아. 그걸 쪼개서 광목을 대고서 만든 거야. 예전엔 이런 소고가 없어. 그러고 고깔도 그 전엔 놀려면 물감 들여서 찍은 거야. 가사도 하나 아냐. 돈이 어딨어. 그냥 입던 옷 입었지.

조사자: 호미씨세 할 때 농사풀이 하는 이유가 있나요?

황상복: 다 농사 지었으니까는, 풍년이 들라는거고. 농사는 다 지어놨으니까. 모내고 싹 매고, 논두렁까지서 다 깎구서 하니까. 삼동까지 다 매고, 두벌 콩밭, 조밭. 그때만 해도 복지경에 펄펄 끓지며. 다 끝맞혔으니까 풍년도 들 겸 하루 노는 거야. 그렇게 해서 다른 동네 호미씨세할 때 이 너머 네 패가 같이 놀았어.

조사자: 호미씨세 외에 다른 때에는 농사풀이는 하지 않았나요.

황상복: 안하죠. 일하러 다니니까 시간이 없어요. 아침으로 따지면 여섯시경. 내가 일

차례가 되면 높은 산꼭대기 가서 쳐요. 일어나 오라고. 그러면 인제, 가죠. 그때만 해도 맷돌로 간 거. 수제비 채로두 덜 치고 시커먼 거 감자에다 그거 먹고는 치고 나가서. 일할 장소에 가서는 한바탕 놀구. 거기 가서 일허고. 또 인제 저녁때 일할 사람이 저 고개 넘어 있잖아. 먼데, 그러면 부지런히 가야 돼. 시간을 잡아먹으면 그만큼 해줘야 되거든. 그때는 빨리 가는채 칠채도 치고. 거기 가면 아줌마들이 밥 갖다 놨으면 밥먹는 시간까지 한 시간이야. 남는 시간은 잠 못자. 치고 놀아야 돼. 또 들어가야 돼. 그거 계속 하면 코피가 막 쏟아져. 밤에 그거 하고 나서는 저녁에 마당거리를 하라 그래. 마당거리를 하라고 하면 좀 넉넉한 사람이면 해. 수제비국이라도 주고, 술이라도 줘야돼자나. 그거 먹고 밤 12시까지 놀았지.

조사자: 마당거리는 원하는 집에만 해요?

황상복: 마당에 들어가면 횃불 차려놓고, 멍석 깔구 수제비, 막걸리, 콩나물. 마당에 차려놓는 거야. 막걸리 콩나물 이렇게 해두고. 그거지. 어디 쌀밥이 있어.

조사자: 품앗이하고 두레하던 이들이 악기를 다 치셨나요?

황상복: 다 못허지. 치는 사람만 치지. 못하는 사람은 법구, 못하는 사람들 영좌님 이런 사람들은 우장 있어. 그거 걸머지고 다니고. 또 소 있는 사람 있으면 소 끌고 다니고. 소 있는 사람은 일 마치고 꼴 비러 가야 돼.

조사자: 농악이 갈 때 순서는 어떻게 되나요?

황상복: 언제든지 법구가 앞서가요. 아무 때나 법구가 앞서가요. 잽이는 뒤, 지게꾼들이 뒤에 서고.

조사자: 법구가 왜 잘 앞에 서나요?

황상복: 그건 모르지. 그게 맞는 거지. 법구가, 우리가 잽이를 쳐야 법구가 춤을 추니까. 우리가 악기를 쳐줘야 춤을 추자나. 옛날부터 노인네들이 그렇게 내려온 거니까.

맨 앞에 깃발, 그 뒤에 법구, 상쇠, 저금, 징, 장구, 북의 순서로 가지. 그것도 치는 사람이나 치고, 못치는 사람은 생전 못치니까.

2. 이근칠 (1934년생)

조사자: 농악은 몇 살부터 하셨나요?

이근칠: 열일곱 살이나 열여덟 살 정도부터 했죠.

조사자: 그때 민재마을에서 농악하실 때 악기는 어떤 것을 하셨나요?

이근칠

이근칠: 처음엔 상법구 하다가, 춤추는 거. 그 다음엔 저금이라고 있어요. 그거 하다가, 그 다음에 상쇠도 치구.

조사자: 어르신 배우실 때 민재마을 농악 상쇠 성함 기억나세요?

이근칠: 상쇠 가르치던 분? 허흥돈 씨라라고 계셨고, 연세 많으신 분. 그 다음에 장기풍,

조사자: 민재마을에서 농악을 할 때 농사풀이가 있었나요?

이근칠: 있었어요.

조사자: 민재마을 농사풀이는 지금 양주농악과 어떤 차이가 있었나요?

이근칠: 대동소이해요. 조금 틀린 부분도 있고.

조사자: 양주농악과 농사풀이 순서가 다른 것이 있었습니까?

이근칠: 글쎄, 지금 기억이 잘 나지 않아요. 그런데 절기에 따라 하기 때매 대개 큰 차이가 없어요.

조사자: 농사풀이는 어느 때 주로 하셨나요?

이근칠: 주로 여름이죠. 입춘 되가지고서 그때서부텀 농사일이 시작되니까.

조사자: 호미씨세 때 농사풀이했습니까.

이근칠: 그렇죠. 호미씨세할 땐 주로 농사 거의 다 지어놓고 마을 잔치 비슷하게 그냥 오락 위주로 많이 하고.

조사자: 오락 위주로 할 때는 어떻게 놀았습니까?

이근칠: 예를 들어 석우리 같으면 리에서도 한 세 개 정도. 마을단위 두레패 있는데마다 농상기가 있었거든. 그래서 몇 부락씩 모아서 행사하고 그랬죠.

조사자: 놀 때는 어떤 식으로요?

이근칠: 경연대회 비슷하게 어느 패가 한번 놀고 다른 패가 놀고 볼거리를 제공하고

했죠.

조사자: 볼거리는 어떤 식으로 농악을 구성해서 놀게 되나요?

이근칠: 농사풀이하면서 노는데도 있고, 그냥 오락 위주로 제식훈련 비슷하게 하는데도 있고 법구잽이하고 상쇠하고 엇갈리게 왔다갔다도 하고 지금 여기 안하는 것도 많이 하죠.

조사자: 각 마을 농악마다 다른 점이 있나요?

이근칠: 각 마을마다, 지휘자에 따라 변동이 있죠.

조사자: 농악을 하면서 농사풀이를 하는 이유가 있습니까?

이근칠: 농사풀이를 하면 절기에 따라 하는 농사짓는 숭내를 다 내니까. 그래 인제, 구경꾼들이 많이 모이잖아요. 젊은 사람들도 그거, 농사짓는 거 전혀 안해본 사람들도 많고. 그러기 때문에 그 사람들 숭내를 내서 보여주는 거죠. 예를 들어서 앳논매는대는 어떻게 헌다. 김매는 거는 어떻게 한다. 농사짓는 숭내를 보여주는 거죠.

조사자: 일을 안해본 청소년들한테 보여주는 식으로요?

이근칠: 그렇죠.

조사자: 추수 때 농사가 잘 되라는 의미에서 농사풀이는 하지 않나요?

이근칠: 그런 건 고사지낼 때 더러 하는 경우가 있죠.

조사자: 노는 겸, 아이들에게 보여주는 겸, 그렇습니까?

이근칠: 그렇죠.

조사자: 민재마을은 언제까지 농악이 있었습니까?

이근칠: 아마 농악이, 60년대 이전에 없어졌을 꺼에요.

조사자: 50년대 후반에요?

이근칠: 네.

조사자: 그 즈음에 없어진 이유가 있습니까?

이근칠: 젊은 사람들은 군대 전부 나가고, 사람이 없으니까.

조사자: 일제시대에도 민재마을에 농악이 있었습니까?

이근칠: 일제시대에도 있었죠. 먹고살기가 힘들어도. 그 전에 가만히 지금 생각해보면, 농촌에 농악을 권장한 이유가 있었던 거 같애요. 워낙에 힘든 일, 누구도 하기 싫어하니까 울력거름에 이렇게 두레패로 해서, 우리네 동네 부락에 사람들이 다 모여서 하기 때문에 하루 두 집씩 일을 했어요. 하루 한집씩만 하지

않고 한 나절은 누구네집꺼. 다음 나절은 누구네집꺼. 일을 빨리 치루는 데는 최고거든요. 단합이 잘 되고, 놀지 못하고 우겨치니까.

조사자: 혹시 민재에서는 정초에 지신밟기도 있었습니까?

이근칠: 그런 거 더러 했어요. 대보름 전에 부락끼리 이렇게, 집 순회를 하면서 다는 안댕기고 그래도 좀 막걸리통이나 내놓을 만한 집이. 덕담도 하고 술 한잔 얻어먹고, 또 이렇게 다른 집 가고 이렇게 했죠.

조사자: 그런 덕담은 허홍돈상쇠가 많이 하셨어요?

이근칠: 그렇죠.

조사자: 이 근방 마을 농악 중에서, 잘 놀고 그래서, 다른 마을에 가서 농악 놀고 했던 마을 농악은 있었습니까.

이근칠: 글쎄, 그건 잘 모르겠어요. 한 네, 다섯 팀 모여서 놀다보면 특별히 손발 잘 노는 데가, 잘 노는 팀이 있죠. 지금처럼 경연대회식으로 하는 게 아니고, 촌사람들이니까 아, 거긴 잘 노는구나 인정을 하지만 상 같은 건 없고.

조사자: 이 근방에서 놀면 어느 마을 농악들이 모였나요?

이근칠: 그 전에 여기 와서도 단 댓팀. 여기 석우리에도 인제, 신사래 농기가 있고, 박다리가 있고, 선말이 있고, 우리는 광석리 민재, 광릉말도 하나 있고, 거기하고 두 군데가 잘 됐고. 우고리에 한거름이 있었고. 주로 고 가까운 데끼리 놀았죠.

조사자: 어르신이 농악하실 때에는 한거름, 민재, 광릉말, 선말, 박다리, 신사래 이 여섯 마을이 모였어요?

이근칠: 네 그 정도에요.

조사자: 그 마을이 50년대에 모여서 놀던 마을이죠?

이근칠: 네.

조사자: 여기 여섯 마을 중에서 농사풀이했던 곳은 어디입니까?

이근칠: 석우리 네 개 마을이 전체로 했죠.

조사자: 다른 마을은 잘 안하시구요?

이근칠: 네.

조사자: 민재농악에서 활동하신 기간이 언제 정도 되시나요?

이근칠: 열여섯, 열일곱 정도부터 군대가기 전까지 더러 했으니까. 한 4~5년.

조사자: 군대는 몇 살에 가셨어요?

이근칠: 56년에 갔으니까.

조사자: 그렇게 군대 다녀오시고 나니까 민재농악이 없어진 거죠?

이근칠: 그렇죠.

조사자: 그러다가 언제 양주농악은 활동하신 거에요?

이근칠: 우리가 1990년도에 창립을 한거죠. 이렇게 모여서 한 4~5년 정도 가다가 빠그러졌어요. 그래가지구서 활동은 하다가 말다 그러다가, 본격적으로 꾸준히 헌거는 96년인가. 96년서버텀은 계속 일년에 행사 다 따라다니면서 하고. 처음에 우리가 그 90년도 조직을 헐 적에 사실 머, 나이 많은 사람들은 인제 머, 옛날 농악을 전부 향수는 가지고 있는데 누가 주선해서 할 사람도 없고, 그래서 나이 많은 사람들끼리 모여서, 지금은 젊은 사람도 끼고 하지만, 그때는 그때 나이로 60이상이 다 된 사람들이, 모이면 처음에 모이면, 돈이 들어가니까 잽이도 장만을 해야 되고, 모일적마다 만원씩 회비를 냈어요. 그러다보니까 나이 많은 사람들이 경제적으로도, 촌에서 어렵지, 경제적으로 어렵지. 그래서 빠그러진거 같애. 그러다가 유지하다가 이번에 본격적으로.

조사자: 96년부터 다시 하게 된 계기가 있습니까?

이근칠: 항상 우리는 그걸, 그리워하면서 누가 앞장 나서서 하는 사람이 재정적 뒷받침을 농악에 빠져있던 사람들이 모여서 헌거지. 처음에는 한 이삼십 명 하다가, 지금은 한 50명 되지만.

조사자: 1990년도 창립할 때에는 몇 분이나 되셨어요?

이근칠: 한 20명 될 꺼에요.

3. 박진옥 (1928년생)

조사자: 어르신, 농악은 누구한테 배우셨나요?

박진옥: 법구를 가르쳐 준 사람은 남면사람인
데, 그 사람이 양씨라고, 그 사람이 와
서 가르쳐 준거에요.

조사자: 언제 배우신거에요?

박진옥: 내가 열여덜 살. 고때 됐을 꺼야.

조사자: 그러면 양주농악 황상복 어르신하고
는 언제쯤 알게 되셨나요?

박진옥: 알기야 서로 그전부터 알았죠. 같이

박진옥

허는 거는 날 오래가지고, 그전에 보매기에서 농악하는 걸 봐가지구. 근데 나
이가 들어서 다 까먹어서 그냥 시능만 내는 거에요.

조사자: 양주농악과 관련해서 다시 알게 된 때가 언제였었나요?

박진옥: 한 사오년 됐을 꺼에요. 아마.

조사자: 어르신은 양주농악에서 주로 어떤 것을 하시나요?

박진옥: 그 전에는 날더러 저 회장님이 부를 때에는 상법구를 할려구 왔지. 광적면에
서는 예전에는 나처럼 추는 사람이 없었어요. 상법구를. 그런데 내가 나이가
많아서 다 까먹어버린 거지.

조사자: 보매기에도 농기 있었나요?

박진옥: 깽매기하는 거 이런 거? 있었지요.

조사자: 농사풀이도 하셨나요?

박진옥: 일하러 댕기면서 거기서 밥을 어떻게 해먹느냐면, 세 집이고 네 집이고 일하
러 가는 집에 시키면 거기서 먹구. 거기서 다 먹구 딴데 가면 거기서 또 먹구.
그때는 그렇게 했어요. 누구네는 몇 이서 몇 시간 했다. 이렇게 나오면 그 집
에서 밥을 준비하지.

조사자: 호미씻이 때에 농악을 많이 했나요?

박진옥: 호미씻이 허게되면은 이 근처서 여기허구 우리 동네가 틀려. 그때는 보리 막
걸리 있자나. 쌀막걸리가 어딨어. 소주가 어딨어. 그것도 있는 사람이나 해오
는 거야. 너 해라. 이런 것으로. 선말이나 삼거리 여기 있어요. 세 패가 모아

가지고 하루 노는 거지.

조사자: 놀 때는 뭐하고 노나요?

박진옥: 우리가 배운 게 있자나요. 딴 데서 온 사람을 먼저 놀게 하고. 세 동네가 다 뫼여서 구경들 하고, 놀면, 그땐 볼만했어요. 지금 그거 할려면 오지도 않아요.

조사자: 그때 농사풀이하는 농악도 있고, 안하는 농악도 있고 그랬습니까?

박진옥: 그땐 지금 식으로 모낸다, 이런 걸 헐 줄 몰랐어요. 그땐 무조건 뛰는 거야 그냥.

조사자: 어떻게 뛰는 겁니까?

박진옥: 가령 삼채를 친다. 사채나 오채나 이런거 치는 거는 치는 모냥으로 치는 거고. 지금 모냥으로 노는 게 아니야. 그때는 고깔을 만들래도 창호지 사다가 물감을 들여서 가사고 머고 다 맨들어가지고 놀았어요. 가사고 머고, 맨들었어요.

조사자: 한참 논맬 때 농악을 치고 하는 건 있었나요?

박진옥: 그때는 농악은 안치고 어디로 갈 때 농악을 치고. 논매는 소리 그거 하는 거죠.

조사자: 논매는 소리는 상쇠가 하나요?

박진옥: 따로 정해진 건 아니고, 헐 줄 아는 사람이 하는 거죠. 쉽게 말해서 매기는 거라고. 받는 거 그거죠.

조사자: 논맬 때 이동할 때 농악 치신다구요?

박진옥: 상쇠가 그걸 치고 나가면 기가 쫓아가고. 삼채로 치고 가는 거죠.

조사자: 농사할 때 이동할 때에는 어떤 가락을 치시나요?

박진옥: 대개 삼채를 많이 치지요.

조사자: 이 근방에서 제일 농악을 잘 노는 데는 어디였습니까?

박진옥: 그때는 제일 잘 노는 농악이 없고, 거진 비슷비슷했죠.

조사자: 일정 때에는 농악을 주로 못하게 했습니까?

박진옥: 일정 때는 안하는 게 아니라 못했지요. 나 먹기도 바쁜데 어떻게 해.

조사자: 보매기마을에서 정초에 지신밟기는 안했습니까?

박진옥: 지신밟기라고 서너이서 다니고, 있는 사람은 쌀이나 좀 내고, 없는 사람은 쌀 막걸리 몇 잔 내고. 그렇게 많이 하지는 않았어요.

조사자: 그럼, 보매기에서는 농악이 해방 후에 생겨난 거네요

박진옥: 그렇지.

조사자: 혹시, 마을에서 공동기금이 필요할 때 돈 마련은 어떻게 하셨어요?

박진옥: 고 다음서부터는 농촌에서 장사 지내자나. 거기서 기금, 뭐 나오는 거 그거 가지고 동네 싹 고치는 거에요. 그 전엔 동네 그릇이라고, 양그릇, 그런 거 가지고 장사 치르고 그랬어요. 그거 옛날이에요. 한 오십년 전이지.

조사자: 보매기 농악을 언제까지 하셨어요?

박진옥: 6·25 터지고 못했을 꺼에요. 해방되고 나서 보매기농악이 생겨서, 그러니까 한 오륙년 했지.

조사자: 어르신, 계속 농사지으셨나요?

박진옥: 예. 농사 지었어요.

조사자: 양주농악에서 주로 법구 하셨어요?

박진옥: 그렇게 할려고 회장님이 부른건데, 이제 정신이 없어져서.

조사자: 어르신 다른 악기 배운 적은 없으세요?

박진옥: 그때는 다른 게 없고, 농악이면 고만이었지. 먹는 게 문제야 그때는.

조사자: 옛날에 하셨던 보매기농악이랑 지금 양주농악이랑 다른가요?

박진옥: 다르지. 지금은 보기좋게, 깨끗허게 허는 거고. 그때는 밥 먹고 제멋대로 막 치고 그런 거지.

조사자: 일할 때는 악기는 안쳐요?

박진옥: 네.

조사자: 양주농악에 오니까 많이 다르죠?

박진옥: 그렇죠. 생각지도 못했죠.

조사자: 보매기 농악에서 쳤던 장단 같은 것 생각나는 것은 없나요?

박진옥: 지금 생각나는 건 삼채, 오채가락, 왔다갔다 하는 거. 칠채, 그거 그냥 치는 사람이 있고, 끌어치는 사람이 있거든. 그것 밖에 몰라요. 그 상쇠 잘 치던 사람은 죽었어. 나보다 손 아랜데. 군인가서 죽었어. 요 건방에서 잘 친다고 소문났었어.

조사자: 성함은 혹시 생각나시나요?

박진옥: 김봉수, 지금 그 사람이 살았으면 나보다 서 너 살 적은데, 정신 좋고, 재주덩 어리야.

조사자: 지금 양주농악 하시는 분들 중에는 어르신처럼 딴 마을에서 오신 분들이 많

이 계시나요?

박진옥: 동두천서 오고, 의정부서도 오고. 회장님이 연락해서 온 사람들도 있고, 자기 네들이 와서 아, 내가 여기 와서 해야겠다. 와서 배우고 한 사람들도 많지. 농악이라는 거는, 놀기 좋아하는 사람이 하는 거지, 강제로는 못하는 거거든.

양주농악 회원명단

양주농악은 양주농악보존회에 의해 전승되고 있으며, 현재 회장과 총무를 비롯 60 여명의 회원이 활동하고 있다. 양주농악보존회 회원명단은 다음과 같다.

연번	사 진 성 명 (성별, 생년)	현재 기예능 주 소	연번	사 진 성 명 (성별, 생년)	현재 기예능 주 소
1	황상복 (남, 1939)	· 상쇠 · 양주시 광적면 석우리 433	2	장영현 (남, 1955)	· 기수 · 양주시 광적면 석우리 441
3	고영태 (남, 1945)	· 기수 · 양주시 산북1동 한승아파트 101-304	4	이무세 (남, 1949)	· 기수 · 양주시 광적면 광석리 399
5	이근칠 (남, 1934)	· 부쇠 · 양주시 광적면 가납리 722	6	홍재관 (남, 1948)	· 기수 · 양주시 광적면 석우리 364

7		· 기수 · 양주시 옥정동 233	8		· 부쇠 · 양주시 광적면 효촌리 310
	이근석 (남, 1944)			오정석 (남, 1934)	
9		· 제금 · 양주시 광적면 석우리 449-1	10		· 제금 · 양주시 광적면 석우리 231
	황계성 (남, 1934)			이영섭 (남, 1928)	
11		· 태징 · 양주시 광적면 석우리 340	12		· 태징 · 양주시 광적면 광석리 466
	이인상 (남, 1937)			최용문 (남, 1932)	
13		· 태징 · 양주시 옥정동 241	14		· 태징 · 양주시 옥정동 153
	이명길 (남, 1933)			허 한 (남, 1937)	
15		· 장고 · 양주시 광적면 광석리 56	16		· 장고 · 의정부시 의정부2동 427-27
	배구환 (남, 1937)			안재욱 (남, 1940)	
17		· 장고 · 양주시 광적면 덕도리 297	18		· 장고 · 양주시 광적면 가납리 36
	전경자 (여, 1953)			지경석 (남, 1941)	

19	홍병욱 (남, 1946)	· 북 · 양주시 광적면 석우리 361	20	이의섭 (남, 1932)	· 북 · 양주시 광적면 석우리 235	
21	박진옥 (남, 1928)	· 농부 · 양주시 광적면 덕도리 685	22	이원세 (남, 1934)	· 북 · 양주시 광적면 석우리 98-3 303호	
23	오숙자 (여, 1943)	· 북 · 양주시 광적면 가납 3리	24	최승덕 (남, 1933)	· 노인 · 양주시 만송동 45	
25	신재범 (남, 1946)	· 호적 · 파주시 조리읍 오산리 354	26	한진수 (남, 1940)	· 호적 · 양주시 옥정동 259-1	
27	어윤해 (남, 1936)	· 양반 · 양주시 남면 경신리 100	28	서창석 (남, 1948)	· 법고 · 양주시 광적면 덕도리 297	
29	홍승운 (남, 1942)	· 법고 · 양주시 광적면 석우리 444	30	조종래 (여, 1945)	· 아낙 · 양주시 광적면 석우리 341	

31	 임정실 (여, 1959)	·법고 ·양주시 광적면 광석리 1-1	32	 지시택 (남, 1953)	·법고 ·양주시 광적면 효촌리 348
33	 여인범 (남, 1955)	·법고 ·연천군 전곡읍 양원리 687	34	 전희순 (여, 1962)	·법고 ·연천군 전곡읍 양원리 687
35	 박영식 (남, 1964)	·법고 ·양주시 남면 신산리 285	36	 최태영 (남, 1954)	·법고 ·양주시 광적면 광석리 6-8
37	 김설자 (여, 1941)	·아낙 ·양주시 광적면 석우리 115	38	 장기복 (남, 1959)	·법고 ·양주시 광적면 석우리 464
39	 박종예 (여, 1953)	·법고 ·의정부시 가능1동	40	 이승세 (남, 1960)	·법고 ·양주시 광적면 광석리 421
41	 박승돈 (남, 1945)	·법고 ·양주시 회암동 205	42	 남복영 (여, 1940)	·법고 ·양주시 광적면 광석리 504

43	박정애 (여, 1952)	· 법고 · 양주시 백석읍 방성4리 775	44	박인숙 (여, 1967)	· 법고 · 양주시 광적면 가업리 288
45	오지수 (여, 1962)	· 법고 · 양주시 백석읍 세아1차 아파트 101-709	46	염기례 (여, 1955)	· 아낙 · 양주시 만송2동 청암빌라
47	정경호 (여, 1960)	· 법고 · 양주시 백석읍 오산 4리 25-1	48	홍영남 (남, 1942)	· 태징 · 양주시 광적면 석우리 444
49	전희동 (남, 1930)	· 우장 · 양주시 덕정1동 125	50	마사백 (남, 1938)	· 노인 · 양주시 광적면 석우리 210
51	정선모 (남, 1940)	· 노인 · 양주시 광적면 석우리 210	52	김원영 (남, 1936)	· 보조 · 양주시 광적면 석우리 삼성빌라 101동
53	박희웅 (남, 1944)	· 보조 · 양주시 광적면 효촌리 337	54	최종심 (여, 1943)	· 아낙 · 양주시 광적면 석우리 산31-2

55	김종산 (남, 1951)	· 법고 · 양주시 광적면 가납리 679	56	최순열 (여, 1955)	· 법고 · 양주시 광적면 가납리 679
57	이명의 (남, 1926)	· 노인 · 양주시 고암동 324	58	김창화 (남, 1942)	· 보조 · 양주시 광적면 가납리
59	최호순 (남, 1958)	· 법고 · 양주시 광적면 광석리 1-1	60	김준배 (남, 1956)	· 법고 · 양주시 광적면 효촌리 487
61	장병우 (남, 1934)	· 노인 · 동두천시 송내동	62	권영택 (남, 1950)	· 법고 · 파주시 법원읍 갈곡리 114-2
63	노인숙 (여, 1953)	· 법고 · 파주시 법원읍 갈곡리 114-2	64	김부경 (여, 1965)	· 법고 · 의정부시 신곡동 412-38

공연을 마친 후의 양주농악 회원들

김헌선

경기대학교 국문학과
한국학대학원 석사과정
경기대학교 대학원 박사과정
경기대학교 한국동양어문학부 국문학전공 교수

주요논저

『한국의 창세신화』(1994)
『경기도 도당굿 무가의 현지 연구』(1995)
『일반무가』(1995)
『사물놀이이야기』(1995)
『한국구전민요의 세계』(1997)
『사물놀이의 위대한 서사시, 김용배의 삶과 예술』(1998)
『세계의 영웅신화』(공저, 2002)
『세계의 창세신화』(공저, 2003)
『제주도 조상신본풀이 연구』(2006)
『동해안 화랭이 김석출 오구굿 무가 사설집』(2006)

양주 농악

초판 1쇄 인쇄 2006년 6월 3일
초판 1쇄 발행 2006년 6월 9일
편저자 김헌선
펴낸이 박성복
펴낸곳 도서출판 월인
등록 제6-0364호(1998. 5. 4)
주소 142-879 서울특별시 강북구 수유2동 252-9
전화 (02) 912-5000
팩스 (02) 900-5036
e-mail worin@hitel.net
homepage http://www.worin.net

ISBN 89-8477-322-0   93380

값 7,000원